ザンジバルの笛

東アフリカ・スワヒリ世界の歴史と文化

富永智津子 著

未來社

ザンジバルの笛

❖東アフリカ・スワヒリ世界の歴史と文化

目次

第一部❖スワヒリ社会の歴史

第三章　踏みにじられた魂

19世紀のインド洋西域と東部アフリカ

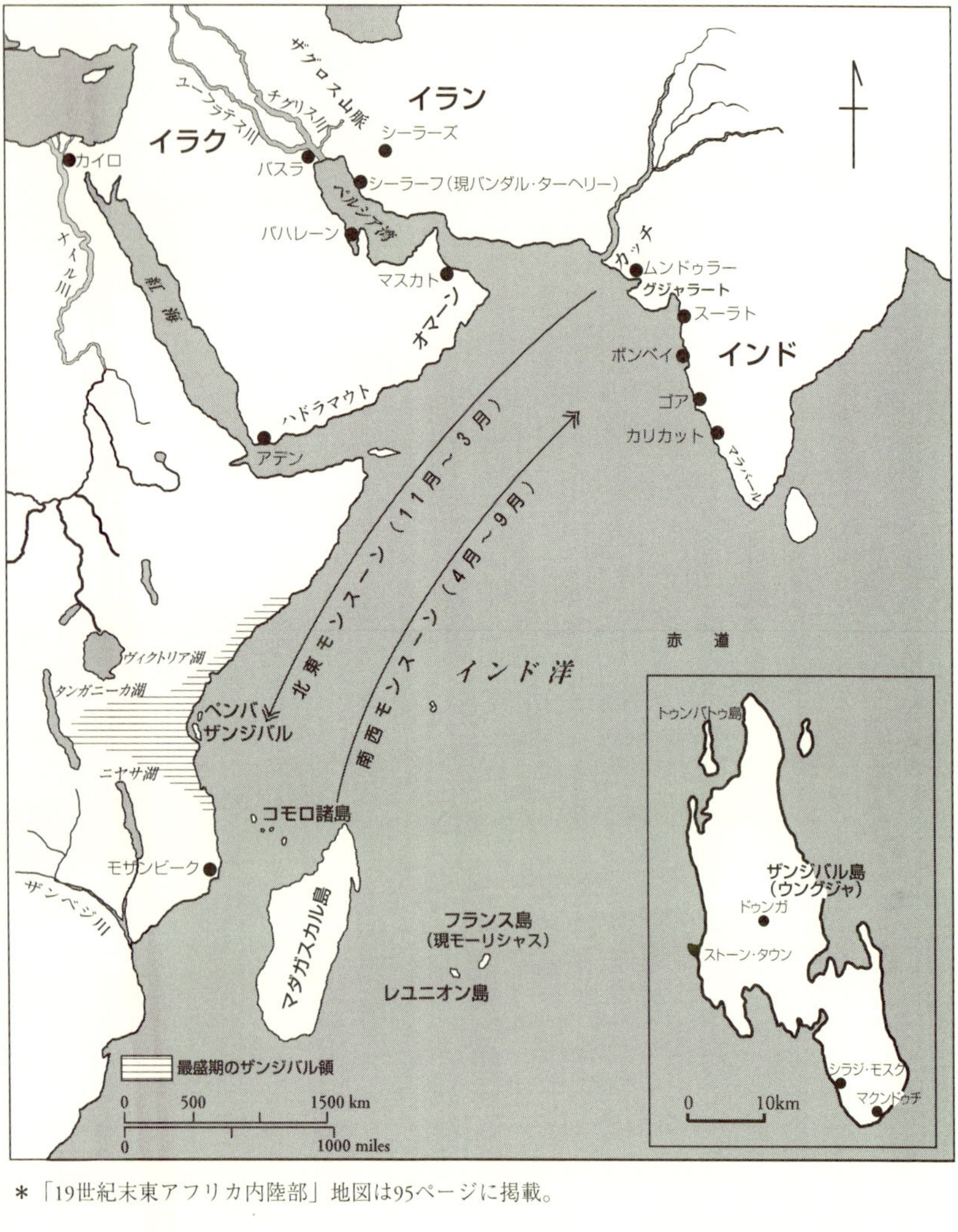

＊「19世紀末東アフリカ内陸部」地図は95ページに掲載。

ザンジバルの笛

❖東アフリカ・スワヒリ世界の歴史と文化

ザンジバルの笛と太鼓

ザンジバル島の首長（ムウェニ・ムクー）が保持していた王権の標章。ともに木製。笛は、スワヒリ語で〝スィワ〟と呼ばれ、パテ島やラム島など、その他のスワヒリ都市の首長も同様の笛を所持していた。共同体の祝祭時に使用された。

©Zanzibar National Archives

第一部❖スワヒリ社会の歴史

はじめに

いつの頃からか、東アフリカの人びとの間に伝えられてきた俗謡《ぞくよう》が、今もザンジバルに残っている。

ザンジバルで笛ふけば
湖水の人びとが踊りだす

ザンジバルとは、インド洋の珊瑚礁《さんごしょう》に浮かぶ小さな島である。地図でみると、南緯五度から七度の間。アフリカ東部沿岸からおよそ四十キロの海上に、まるでけしつぶのように浮かぶ島である。長い長い歴史の曲折を経て、現在は、タンザニア連合共和国に属している。

俗謡の意味は、一見単純なように見える。ザンジバルで誰かが笛を吹く。すると海峡をへだてたアフリカ大陸の湖水の住民たちが踊りだす、というのである。

ここにいう「湖水」とは、白ナイルの水源ヴィクトリア湖か、大地溝帯《だいちこうたい》に沿って深くきれこんだタンガニーカ湖、あるいはその両者をさしていたにちがいない。

インド洋に浮かぶ小さな島の笛の音が、千キロも隔てたアフリカ内陸部の人びとの耳にまでとどき、そして、住民が踊りだしたというのであろうか。それにしても、ザンジバルの笛と湖水の人びとの踊り、この両者の関係が意味するものは、いったい何だったのか。

この俗謡は、少なからず比喩《ひゆ》的で、笛の意味するところも象徴的だが、そのためにかえってわたしを現実的な歴史の世界へひきこむ不思議な魅力をもっていた。この謎《なぞ》を解く鍵はどこにあるのだろうか。一方には、笛の音の震源《しんげん》となったインド洋に浮かぶ島ザンジバルがあり、一方には笛の音に誘《さそ》われて踊りだすアフリカ内陸部の人びとの世界があった。

このふたつの共振《きょうしん》する世界を知りたくて、わたしはフィールドへの旅にでたのである。こうして、わたしの旅ははじまり、それはザンジバル島から東アフリカ沿岸一帯をひとつに結ぶ、いわゆるスワヒリ文化圏へ、さらにはアラビア半島やインド亜大陸へとのびていった。

フィールドの旅は、埋《う》もれた歴史を掘り起こすことからはじめねばならない。それは、八世紀のスワヒリ世界の夜明けにむかってさかのぼり、ポルトガルによる侵略の時代を経て、アラビア半島の王国オマーンによる支配へと続いている。

十九世紀、オマーン王国の支配下で、スワヒリ世界は最盛期を迎えた。ザンジバル島には、真っ白いアラブ風の建物の密集する王都が出現する。王都は、その独特の景観から、ストーン・タウンと呼ばれていた。

笛の音は、このストーン・タウンから、海を渡り、スワヒリ世界に鳴り響き、アフリカ内陸の湖水に達し、そこに住む人びとを小躍《おど》りさせたのではなかったか。いったい、なにが、彼らを興奮させたのか。ひとつには綿布、ひとつにはビーズ、そして銃と弾薬。ザンジバル島で取引きされる異国の未知の商品が、彼らを驚喜《きょうき》させたのである。

こうした歴史の断片が拾いあつめられ、つなぎ合わされると、これまで見えなかったスワヒリ世界の内部が見えはじめ、それがさらにわたしの好奇心をかりたてた。その度《たび》にわたしは、ザンジバルの笛の、その不思議な謎にますますひきこまれていった。

やがて、はっきり見えてきたものがある。それは、スワヒリ世界や内陸部の人びとの背後で、象牙《ぞうげ》や奴隷の取引きに忙しく立ちまわるインドやアラビア半島の商人たちの活動であり、熱帯産品に魅《み》了《りょう》されたアメリカやヨーロッパの商人、そしてさらには奴隷の救済に奔走《ほんそう》するキリスト教宣教師たちの姿であった。それが、ひとかたまりの大きな動きとなって見えてきたのである。

笛の音《ね》に小躍りする湖水の人びとの群れに、このような異国の商人や宣教師たちの群像が加わると、スワヒリの世界は静から動に一変し、たちまち世界史的な相貌《そうぼう》を見せはじめた。それは、十九世紀末、ヨーロッパ列強による東アフリカ分割へと一気に突き進むことになる。


この本をとおして、わたしが描きだそうとしたのは、ザンジバルを舞台に展開した多種多彩な人びとの織りなすスワヒリ社会の歴史であり文化の動きである。

そこにはアフリカ生まれのスワヒリ商人がいる。それにまじって、活力にあふれたインド人やアラブ人商人たちもいる。こうした商人の群れに、人と物を自在に動かそうとするヨーロッパ人やアメリカ人が加わり、さらにアフリカ内陸部の湖水の住民が参加する。これらの人びとが、時代の波に翻弄されながらつくりあげてきたザンジバルの笛の舞台、インド洋のはるか西方のスワヒリ世界は、二十一世紀を迎えたわたしたちにどのようなメッセージを送りつづけているのだろうか。

ボストンに輸出される象牙の取引き

©Zanzibar National Archives

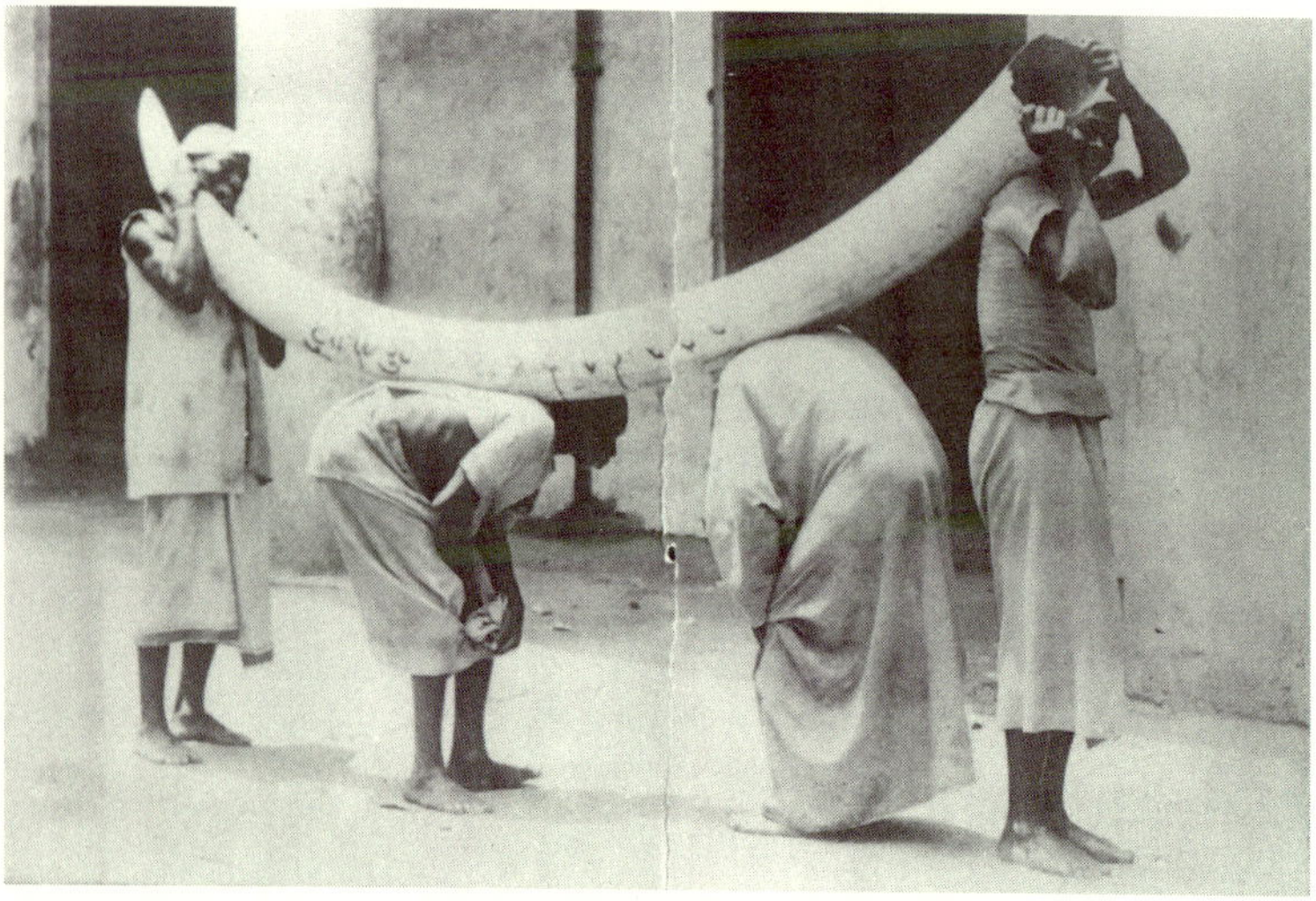

記録的な巨大象牙

©Zanzibar National Archives

第一章　スワヒリ世界の夜明け

奴隷市場の跡地に建てられた英国国教会クライスト・チャーチの大聖堂　（ストーン・タウン、1993年撮影）

1 珊瑚礁《さんごしょう》の島ザンジバル

インド洋に浮かぶ島

空から見るザンジバル島は、ココ椰子《やし》やマンゴーの林が織りなす緑一色の小さな島である。島の面積は千五百平方キロ。佐渡ケ島の約二倍。人口は約三十八万。ペンバ島を合せると六十四万（一九八八年）。藍《あい》をまきちらしたような珊瑚礁の波間に、いまにも溶《と》けてしまいそうに漂《ただよ》っている。

わたしがインド洋に浮かぶこの島を初めておとずれたのは一九八二年のことである。以来、何度、足を運んだことか。手もとの古いアルバムをめくりながら、タンザニアのダル・エス・サラーム港から水中翼船《すいちゅうよくせん》に乗り込んだ日のことを回想する。

時は、七月。乾季《かんき》である。バオバブの巨木はすっかり葉をおとしていた。水中翼船は港を離れ、入江《いりえ》を通り抜け、見渡す限り、キラキラ輝く大海原《おおうなばら》にでた。ときおり、白い三角帆を風にはらませて木造船《もくぞうせん》がすれちがう。わたしは、おぼえたてのスワヒリ語で、隣の男の子に話かける。

「ジャンボ！　イレ・ニ・ダウ」（こんにちわ！　あれは、ダウ船《せん》ね）

近海を航行するザンジバル港の小型ダウ船　(1986年撮影)

男の子が答える。

「ジャンボ！　スィ・ダウ。イナイトゥワ・ジャハズィ」(こんにちわ！　ダウじゃないよ、ジャハズィだよ)

小麦色の肌《はだ》が眼にまぶしい。ダウとは、三角マストの木造帆船《はんせん》のことである。ジャハズィとも呼ぶらしい。

海も空も人も、みな輝いている。

時を忘れ、快いエンジンの音と震動に身をまかせた。すると、いちどに旅の疲れがでて、少しトロトロと眠ったようだ。気がつくと、前方に黒々と島影が近づいている。船着場《ふなつきば》のある岬《みさき》も見える。船は、速度を落とし、珊瑚礁の間を縫《ぬ》ってゆっくりと進んだ。

二時間あまりの船旅は終わり、水中翼船は静かにザンジバル港に接岸した。埠頭《ふとう》はとみれば、灼《しゃく》熱《ねっ》の太陽にさらされて、人も大地もカラカラに干あがっている。岸壁と船との間に渡り板が架《か》けられると、待ち構えていたポーターの一団が、船内になだれこんできた。それが、われ先に降りようとする客とぶつかりあう。

わたしは、手にあまる大きな荷物とスーツケースを、ダッシュしてきた穴ぼこシャツのポーターに押しつけ、ほうほうの態《てい》で陸にあがった。

港で働くポーターをスワヒリ語で「ハマリ」と呼ぶ。十九世紀、ハマリの仕事は奴隷かアラビア半島南部からやってきた貧しい出稼ぎ人の仕事だったという。スーツケースを頭に、手荷物を片手に、わたしの前をゆくハマリは、こうした出稼ぎ労働者の末裔《まつえい》なのだろうか。


船を降り、埠頭の隅《すみ》の掘ったて小屋に向かう。入国管理事務所である。四、五人も入ればいっぱいになる小さな小屋だった。小屋のまわりには、すでに人垣《ひとがき》ができている。

太陽が、容赦《ようしゃ》なく照りつけ、じりじりと膚《はだ》が焼ける。ようやく入国手続きをすませ、小屋を出た。目の前に入江が見える。ダウ船が、思い思いの方向にへさきを向け、静かに波に揺れていた。


インド洋の歴史は、ダウ船とともに歩んできた。季節風（モンスーン）にのって、大海原を自在に往来するダウ船の活躍が、わたしの脳裡《のうり》に焼きついている。真っ青な海を、白い帆に風をはらんで走るしなやかなダウ。ザンジバルは、まさにこのダウ船の世界の一角に位置している。

あるとき、十九世紀にオマーンとザンジバルの間を往来したダウ船の記録を調べていたら、十一―十二月にザンジバル入りしているダウ船がもっとも多く、なるほどと思ったことがある。一方、ザンジバルからの出航は、四月から五月、または九月ときまっていた。

地図を見るとよくわかるが、ザンジバル島は、インド洋西域を半年ごとに交代する北東季節風と南西季節風の圏内に位置している。北東季節風は十一月から三月にかけて、南西季節風は四月から九月にかけて吹くのだ。

記録によると、十九世紀の最盛期にサンジバルに寄港したダウ船は、年間五百艘《そう》を越えている。ザンジバルの笛は、まさに季節風に乗って鳴り響いたと言えるだろう。

しかし、それは昔。いまは水中翼船や貨物船の活躍する時代となり、船着場に大型帆船ダウの姿はもはやない。波間に揺れているのは、東アフリカの沿岸海域を航行する小型のダウ船だけである。

王都の面影

ザンジバルの歴史は、ストーン・タウンぬきには語れない。ストーン・タウンは、その名のとおり、埠頭から目と鼻の先にある石造りの街である。四つの街区《がいく》から構成され、人口約一万五千（一九八八年）。かつて、オマーン王国の王都として栄華をきわめた歴史を持つ。ストーン・タウンという名称は、アフリカには珍しいこの石造りの街に、欧米の商人が与えた俗称《ぞくしょう》だったにちがいない。

今、目の前にみるストーン・タウンは、かつての栄華の夢の跡でしかないが、それにしても、官公庁が集結し、大小の商店が軒《のき》を連ねて立ち並ぶ街であることに変わりはない。

はじめて、ストーン・タウンのホテルに落ち着いたとき、わたしは、噂《うわさ》に聞くこの由緒《ゆいしょ》ある古都の、意外の小ささに驚いた。この程度の街なら、どこでも歩ける、よもや、道に迷うことなどあるまい。

そう思って、ブラリとホテルを出たのが、そもそもの間違いだった。街区に踏み入るたびに、複雑に入り組んだ迷路に帰路《きろ》を見失い、泣かされない日はなかったからである。しかし、その迷路も馴れるにつれ、わたしなりに楽しい散策《さんさく》の小路《こみち》となった。いたるところに残っている古い住居跡を捜しながら歩くと、路地裏《ろじうら》をゆく楽しみは倍加《ばいか》した。

しっくいが剝《は》げおち、土台がむきだしになった家。風雨にうたれて崩れ落ち、いまや瓦礫《がれき》の山と化した廃屋《はいおく》。そうした風景のなかから、すでに失われてしまった昔日《せきじつ》の王都が、まるで名画の残像のように、わたしの眼に映し出されてきたからである。

職人芸を思わせる技巧を凝《こ》らしたヴェランダもあれば、街路にむかって開かれた美しい瑠璃《るり》色のステンドグラスの窓もある。ポルトガル時代に建造された教会の廃墟《はいきょ》もある。

海辺にでると、コロニアル風のホテルやかつての豪商の館《やかた》が、今も風に吹かれて並んでいる。そして、こうした歴史を物語る建物に必ずといってよいほど取りつけられている木彫りの扉《とびら》。そのがっしりした観音開《かんのんびら》きの扉には、木の葉や花をあしらった幾何学《きかがく》模様の見事な彫刻がほどこされている。そうした独特の木彫りの扉が、街中いたるところにみられるのだ。

しかし、なんといっても圧巻《あっかん》は、岬の突端にそびえ立つ白亜《はくあ》の館である。サンゴ石のしっくいで塗りかためられた真っ白い石の城。これこそ、十九世紀に建造されたオマーン王のかつての宮殿なのだ。その昔、宮殿の屋上には王権を象徴する赤い旗が風にはためいていたという。インド洋の大海原をわたってきた帆船ダウは、岬にそそりたつこの巨大な白亜の館と風にひるがえる赤い旗を目印に、ザンジバル港をめざしたに違いない。

宮殿に隣接して墓所《ぼしょ》がある。墓所は、高く厚い石の塀《へい》に囲まれ、いつもひっそり静まりかえってい

ストーン・タウン　19世紀にアラブ人とインド人移民によって建設された。
（1987年撮影）

ザンジバル港に面して建ち並ぶ旧王宮　（1987年撮影）

サイード王の墓

墓碑には、アラビア語と英語で「オマーンのイマーム、マスカトとザンジバルのスルタンであるサイイド・サイード・ビン・スルターン陛下を記念して」と記されている。サイイドは長老などを意味する敬称。

（1986年撮影）

る。あるとき、わたしは、墓石《ぼせき》のひとつひとつを数えて歩いたことがある。全部で八十ほど、すべてオマーン王の一族と王家にゆかりのある人びとの墓である。墓は、死者たちの身の丈にあわせて、周囲に、低い石囲いがめぐらされている。その石囲いに色鮮《あざ》やかなタイルが埋め込まれているのは、おそらく王妃か側室《そくしつ》の墓。小さな囲いは、幼くして世を去った王子や王女の墓。そうしたなかでわたしの眼を引いたのは、ひときわ背の高い墓石であった。

近づいてよく見ると、墓碑銘《ぼひめい》には、アラビア語でサイード・ビン・スルターンと記されている。わたしは、思わずその場に釘づけになった。

彼こそは、十九世紀初頭、オマーン王として君臨し、王都ストーン・タウンを建設したサイード王その人だったからである。

このように、あちこち迷いながら、わたしは、ストーン・タウンの埋《う》もれた古都の歴史に吸い寄せられていった。迷路が、わたしに歴史の楽しさを教えてくれたといってもよい。

ストーン・タウンの賑わい

ストーン・タウンには、大きく分けて三種類の市場《いちば》がある。船着場に近い魚市場、タウンのはずれにある公設市場、そして、街の中心部の細い通りに軒をつらねる常設店舗《てんぽ》の三つである。

魚市場と生鮮食品を扱う公設市場は小売と卸《おろし》を兼ねており、すべて、アフリカ系の人びとが仕切っている。冷凍設備がないことから、魚も肉も野菜も、早朝運びこまれ、その日一日が勝負である。鮮度は抜群、味も格別、それが自慢の市場である。

バオ　達人（右下）にわたし（左上）も挑戦してみた。
（1986年撮影）

一方、日用雑貨を商う常設店舗は、インド系かアラブ系商人の世界である。多いのは、布地や子供服を売る店舗。もちろん靴屋もあれば、薬屋もある。小さいながら本屋もあるし、工房を兼ねた家具屋もある。観光客めあての骨董《こっとう》品屋では、金や銀で細工した装飾品も売られている。

市場も面白いが、ストーン・タウンの名物はなんといっても夜店《よみせ》である。これは、ストーン・タウンの賑《にぎ》わいには欠かせない風物《ふうぶつ》といってよいだろう。

かつての王宮前に広場があり、日暮れともなると、夕涼《ゆうすず》みがてら散策を楽しむ人びとがつめかけ、大賑《おおにぎ》わいとなる。そのつめかけた人びとの胃袋をめあてに、食べ物屋の屋台《やたい》が並ぶのである。

屋台の明かりは、ろうそくの灯。その、ほのぐらい灯のもとで、タコやイカの空揚《からあ》げや肉の串焼きが飛ぶように売れてゆく。ときおり、勢いよく燃え上がる炭火が、笑いさざめく人びとの顔をうつしだす。昼間は、あまり外出しないアラブ系の女性たちも、金糸銀糸で縁《ふち》取りした黒いヴェールに顔をつつんで、この屋台の前に立つ。その傍《かたわ》らでは、男たちがドミノやバオ（六四個の玉を三二個の穴の中をまわしながら取り合う遊び）に熱中している。

ストーン・タウンでは、アフリカ系、インド系、アラブ系の住民がひとつにとけ合って暮らしている。少なくとも、わたしにはそう見えた。彼らが市場や夜店でつくりだしている賑わいを、「共存」という名の平和と呼ぶとすれば、これは、まことに貴重な、かけがえのない平和であると、わたしには思われた。

こうしたストーン・タウンの今の賑わいを、十九世紀の賑わいとくらべてみたらどうだろう。おそらく、全く異なっていたにちがいない。当時は、象牙に群《むら》がる異国の商人たちや奴隷貿易に狂奔《きょうほん》するアラブ商人やスワヒリ商人たちが主役であり、アフリカ系の人びとが庶民として顔をだすことはあり得なかったからである。

いま、市場に立って眼を閉じると、喧騒《けんそう》の中から聞こえてくるのは、インド洋を舞台に活躍した商人たちの活力にあふれた声である。

彼らは、奴隷や象牙と引換えに、綿布やビーズ、そしてきわめつきの銃と弾薬をザンジバル島に落としていった。こうした外来品の数々が、アフリカ大陸に住む人びとにとっていかに度胆《どぎも》を抜くほどの商品であったか。ここに、ザンジバルの笛の、かの俗謡の謎をとく手がかりがあるのだが、そうした人とモノとの動きについては、あとでくわしくふれる。

その前に、こうした異国の商人たちが立ちあらわれる以前の、いわばザンジバル島の先住民の暮らしぶりについてふれておく必要があるだろう。彼らは、商人ではなく農民であり、ストーン・タウンの賑わいとは全くかかわりのないココ椰子の林の中で、ココ椰子に支えられて生きてきた人びとなのである。

そのような人びとと出会うために、ストーン・タウンを出て、彼らの住むココ椰子の林の中に分け入ってみることにしよう。

ココ椰子の林の中で

ストーン・タウンの賑わいをあとに、穴ぼこだらけの道をゆく。しばらく走ると、行く手に、緑の森が見えてきた。

その緑の森のところどころにキャッサバ畑がひらけ、農民の働く姿が目に入る。集落の入口で車をマンゴーの木陰《こかげ》にとめる。かたわらの草葺《くさぶ》き屋根の小屋から小さな男の子が顔を出し、ストレンジャーを見つけて裸足《はだし》で追いかけてくる。

集落をどんどんゆく。餌《え》をついばんでいた鶏《にわとり》が、物音に驚いて逃げてゆく。多分、このあたりが集落の中心部、と思われるところで足をとめる。子供のほかに人影はなく、集落は静まりかえっている。ザワザワと風が鳴る。見上げると、ココ椰子が深い緑の葉をひろげている。バナナの木もあれば、パパイヤもある。それがみな、たわわに実をつけ、吹く風に揺れている。わたしは、だれにともなく叫んだ。

「ジャンボー!」(こんにちは)

すると、向いの小屋の戸があいて、中年の女性が顔をだし、よく透《とお》る声で挨拶《あいさつ》を返してきた。

クローヴの収穫　天日での乾燥　（1986年撮影）

ココ椰子の収穫　殻割作業　（1986年撮影）

ザンジバル農村風景　(1991年撮影)

「カリブ、シャンバーニ!」(ようこそ、農村へ)

女性は、色鮮やかなカンガを身にまとっている。カンガとは、長方形の二枚の布からなる伝統的な女性の衣装である。

農村の暮らしぶりについて、話を聞きたいのですが、とわたし。彼女は、「サーワ」(いいわよ)と言うと、にっこり笑いながらココ椰子の林に入っていった。

彼女のうしろについて歩きながら、わたしは、ザンジバル島の農民の生活が、いかにココ椰子によって支えられているかを学んだ。ココ椰子は、果実はもちろん、幹から葉まで、そのすべてがあますところなく利用されている。

まず、果実であるが、殻《から》を割ると、茶色の繊維《せんい》に被《おお》われたソフトボール大の種子《しゅし》があらわれる。この種子の内側の、純白の胚乳《はいにゅう》を搾《しぼ》ると料理用のココナツ・ミルクがとれ、それは、まろやかな風味《ふうみ》で料理をひきたてる。また、この胚乳を乾燥させたコプラからは、良質の油が採れる。油は、料理用にもなれば、石鹸《せっけん》の原料にもなる。種子をとりだしたあとの殻を砂の中に埋めて腐らせると、丈夫な繊維がとれ、それは、ロープやマットの材料となる。幹は建築材に、葉は垣根や屋根、さらには窓や玄関の扉《とびら》などにも利用される。この他、バナナやキャッサバを運搬するための籠《かご》もココ椰子の葉でつくられる。まさにココ椰子文化なのである。太陽の光をさんさんと浴びて育ち、一年中枯れることのないココ椰子の木々は、その一本一本が農民にとってかけがえのない資源なのだ。

「クワヘリ、トゥタオナーナ！」（さようなら、またいつか会いましょう）

わたしは、ザンジバルの農民の、自然が与えてくれる環境との共生の知恵に感動しながら、ココ椰子の林をあとにした。

集落を出て少しゆくと、左手に崩れかけた建造物があらわれた。実は、この建造物を見ることも、今回の農村訪問の目的のひとつなのだった。天井《てんじょう》が抜け落ち、赤茶けた粘土《ねんど》の壁は風化がすすんでボロボロだ。それでも、壁の厚さから推定すると、かなり堅固《けんご》な建物だったと思われる。この廃墟と化した建造物は、この地に住む首長の館だったことが知られている。ココ椰子の林に住む農民は、オマーン王国による支配のはるか以前からこの地に住みつき、首長のもとに自給的な農業を営んできたのである。文献の一節を引用しよう。

「首長は、ムウェニ・ムクーという称号を持ち、一時期、ザンジバル島の中央部に位置するドウンガ村に居《きょ》を構えていた。ムウェニ・ムクーとは大地主というほどの意味である。その領域は、いくつかの村からなる地区（シェヒア）に区分され、それぞれの代表が慣習法にのっとって評議を行い、ムウェニ・ムクーの統治を補佐していた。土地は、基本的にウコー（二百—三百名からなる祖先を同じくする拡大家族）の所有とされ、用益権《ようえきけん》については各ウコーの始祖《しそ》直系の長老に権限が委《ゆだ》ねられていた……」（グレイ「ザンジバルのハディムとトゥンバトゥ」、一四三頁）

これは、オマーン支配以前のスワヒリ社会の伝統的な政治形態の概要を示していると考えてよいだろう。ムウェニ・ムクーは、一八二八年、ザンジバル島を訪れたオマーン王サイードによって服従を強いられ、やがて一八七三年にはその地位も奪われ、完全にオマーン王の支配下に入ることになる。ココ椰子の林の農民の肥沃《ひよく》な土地は、オマーン王国からの移住者によって収奪《しゅうだつ》され、つぎつぎにクローヴ園にかえられていった。土地を奪われた農民は、東部や南部のやせた土地へと追いやられる。それだけではない。農民自身が、まるで奴隷であるかのように「ハディム」と呼ばれて差別され、オマーン人の所有する農園に労働者としてかりだされてゆくことにもなった。ハディムとは、アラビア語で「召使い」を意味する言葉なのである。のちに、ココ椰子の林の農民は、この蔑称《べっしょう》を拒否し、新しい呼称「シラジ」を選びとることになるのだが、それは、一九四〇年代の民族解放運動胎動《たいどう》の時期まで待たねばならない。このことについては、第三章でふれる。

それにしても、「シラジ」とは、いったい何に由来する呼称なのか。この呼称の起源を問いつめてゆくと、スワヒリ世界と、その中で揺れ動くザンジバルの歴史の埋《う》もれた部分が見えてくる、そのような漠然《ばくぜん》とした期待を胸に、わたしはストーン・タウンへの道を引き返した。

2　伝説と史実のあいだ——ペルシア移民「シラジ」の謎

スワヒリとシラジ

「スワヒリ」の語源は、「海岸」や「縁《ふち》」を意味するアラビア語の「サワーヒル」である。このサワーヒルが、東アフリカ沿岸部を指す言葉として初めて登場する文献は、十四世紀のアラブ人旅行家イブン・バットゥータの東アフリカ紀行であるとされている。しかし、それは地理的名称を越えるものではなかった。ところが、それから派生《はせい》した「スワヒリ」は、独特の文化圏を意味する固有名詞として使われているのだ。なぜ、そのようなことになったのか。

答えは、かならずしも単純ではない。しかし、東アフリカ沿岸一帯が、ひとつのまとまりをもった文化圏として、外部の世界から認識された結果であることだけは間違いない。家島彦一氏によれば、そのような意味で東部アフリカ沿岸をスワヒリと呼び始めたのは、十九世紀初めのイギリス人であったという。（家島「東アフリカ・スワヒリ文化圏の形成過程に関する諸問題」、一二一頁）

実際、沿岸部を歩いてみると、人びとの息づかいにも町のたたずまいにも、内陸部とは違った独特の雰囲気《ふんいき》があることに気づく。この独特の雰囲気を、人びとはスワヒリと名づけたのであろう。それは、しっかりとわたしの五感にもしみついている。

ストーン・タウンの一日は、夜明けとともにイスラーム教の寺院（モスク）から流れるアザーン（祈りを誘う呼びかけ）によって始まる。これが巷《ちまた》に流れると、白い木綿の貫頭衣《かんとうい》（カンズ）をまとい、モスクに向かって急ぐ男たちが街角にあふれだす。

男たちは、一様《いちよう》にアラブ風のふちなし帽《ぼう》（コフィア）をかぶっている。アフリカ的な容貌《ようぼう》にまじって、アラブ的な顔立ちの男たちも多い。出会う人ごとに、彼らが交わし合う挨拶が面白《おもしろ》い。アラビア語とスワヒリ語がチャンポンに聞こえてくるのである。

「アッサラーム・アレイクム！」（あなたの上に平安を）（アラビア語）
「ワ・アレイクム・アッサラーム！」（あなたの上にも平安を）（アラビア語）
「ハバリ・ヤ・アスブヒ！」（おはよう）（スワヒリ語）
「ンズーリ・アサンテ！」（おかげさまで、ありがとう）（スワヒリ語）

ストーン・タウンには、約五十のモスクがある。人口一万五千の街にしては、多すぎるとも、まだまだ少なすぎるとも男たちは言う。いずれにしろ、人びとが、一日五回の祈りの時を守るためには、最低、これだけの数が必要なのだろう。

女たちは、普通モスクに行かない。礼拝は、家で守る。理由は単純で、極力、外出を控《ひか》えることが、イスラームを信奉する女性に課された行動原理だからである。余儀《よぎ》なく外出しなければならない場合、スワヒリの女性たちは、黒い衣《ころも》（ブイブイ）で全身をすっぽり包む。衣装のデザインはともかく、女性が身体をおおいかくすことも、イスラームの原理である。

というわけで、市場への食料品の買い出しはもっぱら男たちの仕事ということになる。近年、市場《いちば》に顔を出す女性が増えてはきた。黒い衣を着用する女性も、めっきり減っている。それでもやはり魚市場や食肉売場は買物かごをぶらさげたヒゲヅラの男たちの空間である。

一方、週末ともなると、派手で賑やかな結婚式が、ホテルや学校の大ホールで、盛大に繰り広げられる。被露宴《ひろうえん》の主役は女性である。食べきれないほどの料理を前に、女性たちはタアラブと呼ばれるアラブ風の音楽に酔《よ》いしれ、時のたつのを忘れる。

スワヒリ女性の外出着ブイブイ
（1986年撮影）

こうした日常の風景から、スワヒリの特徴を数えあげるのは、それほど困難なことではない。まず、宗教。農村部には、固有の祖霊信仰（ムズィム）が併存しているが、主流は、イスラームである。

第二は、言語。スワヒリ語が、共通の第一言語、それにアラビア語が一部混入する。

第三に、民族的特徴。アラブ人とアフリカ人の混血が他の地域に比べて圧倒的に多い。

第四に、衣食住などの生活様式。これは、アラブ的、アフリカ的、そしてインド的というほかない。

第五に、歌舞音曲《かぶおんぎょく》。すでにふれたように、スワヒリ社会の祝祭にタアラブ音楽は欠かせない。


スワヒリ文化の起源や成立の時期をめぐっては、これまで、さまざまな仮説が提示されてきた。成立の時期に関して近年もっとも注目されているのは、考古学的発掘調査である。それによれば、スワヒリ文化の成立時期は、ほぼ八世紀から十一世紀にかけてのイスラームの受容の時期にさかのぼるという。それを物証《ぶっしょう》するモスクの遺構が、ケニア沿岸部で発掘されたからである。また、スワヒリ語の形成過程から、その時期を探る試みも行なわれている。

こうした考古学的、あるいは言語学的研究に並行して、スワヒリ起源に関する歴史伝承面からの研究も、興味深い仮説を提示している。その一つが「シュングワヤ」説であり、もう一つが「シラジ」説である。

シュングワヤとは、ケニア沿岸北部に住む人びとが、自分たちの先祖の故郷《ふるさと》として伝承してきた地名である。彼らの祖先は、このシュングワヤから移住してきた、というのである。しかし、シュングワヤの所在は、今なお謎のままである。ソマリア南部沿岸とする説もあれば、ケニア北部説もある。

また、それは、特定の町や都市ではなく、かなり広い地域を指していたと考える研究者もいる。

これに対し、シラジ説は、自分たちの祖先をペルシアからやってきた移民シラジにさかのぼらせ、その故郷は「シーラーズ」というペルシア中世の都市であったとする伝承にもとづいている。

一方は、東アフリカ沿岸部、他方は、インド洋をへだてたペルシアである。この全く違った二つの説は、スワヒリ文化の起源をめぐる論議に、さまざまな話題を提供しているが、いずれも、その成果はあと一歩、すべては、今後の研究に待つほかないというのが現状である。

しかし、ザンジバルに限っていえば、シラジ説が圧倒的に有力である。人びとの口からシュングワヤという地名が語られることはないからである。そこで、ここでは、ザンジバルのシラジ説を裏づけると思われるいくつかのデータを紹介しておくことにしよう。

『キルワ年代記』

はじめに、スワヒリ世界に伝えられている年代記の中から、とくにシラジ伝説に関係の深い『キルワ年代記』をとりあげることにしよう。

キルワとは、タンザニア南部沿岸の小さな島の名前である。九世紀ころから内陸部の金・奴隷・象牙の集散地《しゅうさんち》として発展し、十二―十五世紀に最盛期を迎えた。十章からなる、『キルワ年代記』には、この小さな島を支配していた王朝の、十世紀から十六世紀初頭までの変遷が克明《こくめい》にたどられている。

ちなみに、『キルワ年代記』の原本《げんぽん》は十六世紀初頭に書かれたとされているが、現存する写本《しゃほん》は、十九世紀のもので、現在、ロンドンの大英図書館に保存されている。

ところで、この『キルワ年代記』が重要なのは、その中に「シラジ」の語源である「シーラーズ」という言葉が散見《さんけん》されるからである。少し長いが、その問題の箇所《かしょ》を引用してみる。十世紀頃の歴史を記述した第一章の一部である。

「多くの史家《しか》は語っている。移民は、ペルシアの古都シーラーズから七艘《そう》の船でやってきた。最初の船は、マンダカ（現ケニア沿岸のマンダ島）に、二番目の船はシャウグ（マンダ島のシャング）に、三番目は、ヤンブと呼ばれる町に、四番目はマンファサト（モンバサ）に、五番目は緑の島（ペンバ島）に、六番目はキルワ島に、そして、七番目の船はハンズワーンの地にそれぞれ漂着した。これらの船のうち六番目までの船にはそれぞれ六人の兄弟が、父親は七番目の船に乗っていた、と。

信頼すべき情報によれば、父親と六人の息子が古都シーラーズを捨てた理由は、父親が見た夢にあった。父親は、ハッサン・ビン・アリという名の王。この王が、ある日、王都の周壁《しゅうへき》をかじって穴を開けているネズミの夢を見たのである。これを王都滅亡の予兆《よちょう》であると考えた王は、王都を捨てていずこかに移住することを王子たちに告げる。……

かくして、六人の王子とハッサン王は、ともども港に向かい、七艘の船に分乗《ぶんじょう》した。ところが、スワヒリ沿岸に沿って航行中、船団はちりぢりになり、七艘はそれぞれ異なる港に漂着することになる。この七人がそれぞれの地の王となったのである。……」

（グレンヴィル『東アフリカ沿岸十一－十九世紀初頭の一次史料撰集』、三五－三六頁。カッコは、判読可能な現在の地名）

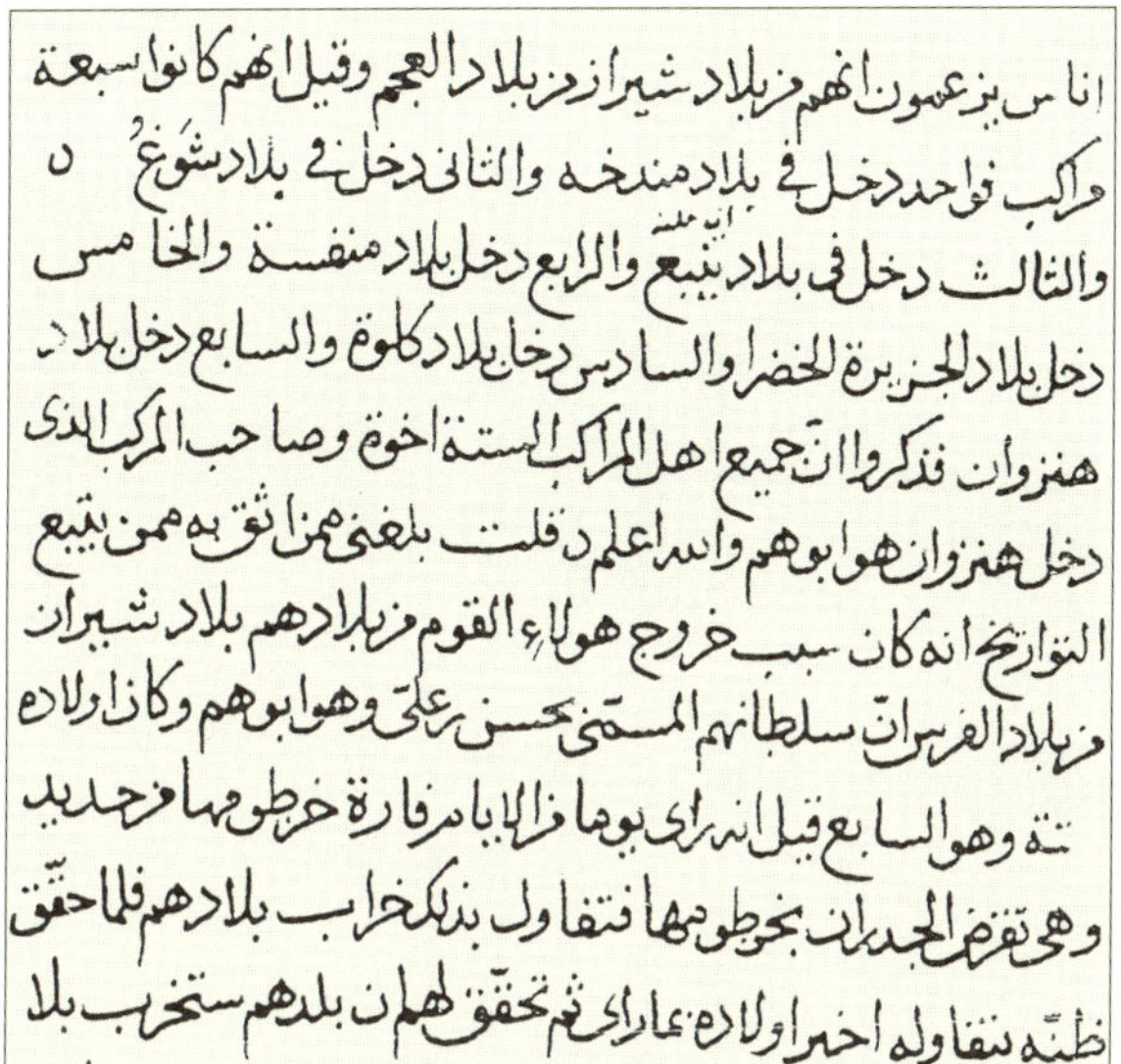
اناس يزعمون انهم من بلاد شيراز من بلاد العجم وقيل انهم كانوا سبعة
مراكب فواحد دخل في بلاد مندخه والثاني دخل في بلاد شوغ
والثالث دخل في بلاد ينبع والرابع دخل بلاد منفسة والخامس
دخل بلاد الجزيرة الخضرا والسادس دخل بلاد كلوة والسابع دخل بلاد
هنزوان فذكروا ان جميع اهل المراكب الستة اخوة وصاحب المركب الذى
دخل هنزوان هو ابوهم والله اعلم قلت بلغني ممن اثق به ممن يتبع
التواريخ انه كان سبب خروج هولاء القوم من بلادهم بلاد شيراز
من بلاد الفرس ان سلطانهم المسمى حسن بن علي وهو ابوهم وكان اولاده
ستة وهو السابع قيل انه راى يوما من الايام فارة خرطومها من حديد
وهي تقرض الجدران بخرطومها فتفاول بذلك خراب بلادهم فلما حقق
ظنه بتفاوله اخبر اولاده عما راى ثم تحقق لهم ان بلدهم ستخرب بلا
محالة ثم شاورهم في ذلك فقالوا جميعا الامر الى الله تعالى ورسوله
ثم اليك فقال لهم ابوهم اني ارى من راى الانتقال من هذا البلد الى بلد اخر
وقالت اولاده كيف يمكننا الانتقال وهل الوزراء والامراء واهل
الحل والعقد يقبلونا عن الانتقال اذ يتحلل عرى ملكهم بذلك فقال لهم
انحتال بحيلة حتى يتجه لنا الانتقال وهو اني ساجمعكم مع جميع الامراء
والوزراء واهل الحل والعقد غدا ثم قال لاكبر اولاده اني ساغلظ
عليك الكلام بحضرة الجميع فاذا فحشت عليك بالكلام اظهر الغضب لذلك
واسطا

『キルワ年代記』 大英図書館に保存されている唯一の写本の一部。5行目に「キルワ」、7行目に「シーラーズ」などの地名が散見される。(コピー・閲覧には入館許可が必要)

この記述は、スワヒリ世界の多くの王侯《おうこう》貴族たちが、自分たちの祖先をペルシアのシーラーズから渡来した移民であると主張する根拠を提供している。

移住のきっかけは、シーラーズの王が見た夢。王は、王子たちを促《うなが》し、逃げるように海を越えてやってきた。夢に登場するねずみ、それを王都滅亡の予兆であると王は占《うらな》い、シーラーズを棄てたというわけである。

それにしても、王とは、いったい誰だったのか。動物の夢はしばしば天災の予兆だといわれるが、そのとき、実際に何らかの天変地異《てんぺんちい》がシーラーズに起こったのかどうか。その辺のところは皆目《かいもく》見当もつかないままに、わたしの思いはシーラーズに飛んだ。

シーラーズは、イランにある中世の古都。現在は、人口十三万ほどの中規模商工業都市にすぎないが、かつては内陸長距離交易の拠点《きょてん》として、富と繁栄を誇っていた。

イラン研究家の原隆一氏によると、シーラーズは「バラとワインと恋とふくろうの町」として知られ、とりわけ『シーラーズの娘』と題された詩歌《しいか》は、イランの人びとの間でことのほか有名であるという。

シーラーズの可愛い娘よ
　あなたの唇《くちびる》を一目でもよいから見せておくれ
　　わたしの心が幸せで一杯になるように
わたしの唇を見たいんだなんて
　まあ、なんと恥ずかしいことをおっしゃるお方
　　バーザールで売られているバラの蕾《つぼみ》を見たことがあって

わたしの唇はちょうどそのバラの蕾
紅くて、とても高価なの
でも、どうぞお越しくださいな
昼はいないので、夜にね

（原隆一訳）

イスラームは、先にもふれたが、女性美をヴェールで覆《おお》いかくすことを美徳としている。そのヴェールの奥からわずかにのぞく唇を、詩人は、真紅のバラの蕾にたとえている。美しいシーラーズの娘、そのシーラーズの美女の話は、実際にもある。

十九世紀のはじめ、美女の国シーラーズから、はるばるザンジバルに輿《こし》入れした王女の話である。王女を迎えたのは、オマーン王サイード。詩歌に歌われているような、美しい女性であったという。

さて、話をシーラーズにもどす。記録を辿《たど》ると、六世紀のシーラーズは、まだ小さな寒村《かんそん》にすぎなかった。その小さな一村落が、一躍《いちやく》、歴史の舞台に踊りでるのは、アラブ軍の前線基地として使用されるようになった結果である。シーラーズは、重要な軍事拠点となり、戦火を逃れた難民が近隣諸都市から流入、人口が、急激に膨張《ぼうちょう》した。このようにして、九世紀には、イラン系のムスリム朝の王都となり、シーラーズはイスラーム都市としての景観をととのえていった。その文化と経済が花開くのは十世紀の頃である。

ところで、こうしたシーラーズの繁栄の背景に、インド洋交易の中継地として重要な役割を果たしていたシーラーフ港の存在を見逃すことはできない。シーラーフ港は、ペルシア湾からザグロス山脈を越えてシルクロードへと続く陸上交易路の起点なのであった。つまり、シーラーズは、インド洋交易とシルクロードを結ぶ長距離交易の港市《こうし》をかかえた都だったわけである。

シーラーズの十世紀は、ブワイフ朝の時代である。その支配者は、シーア派に属しながら、一方においては、たくみにアッバース朝のスンナ派と連携《れんけい》を保ち、政治権力をほしいままに行使した。宮廷ではアラビア語が使用され、アラブ文学がもてはやされたといわれている。しかし、こうした繁栄も、それほど長くは続かなかった。やがて、王侯貴族の間の反目《はんもく》が表面化する中で、スンナ派とシーア派の住民の対立が激化し、ブワイフ朝は急速に衰亡《すいぼう》しはじめる。繁栄を誇ったシーラーフ港にかげりがさし、まるで潮がひくように商人たちの往来が途絶《とだ》える。家島彦一氏は、落日《らくじつ》の運命をたどるこの頃のシーラーフの状況を次のように記述している。

「シーラーフ都市社会は、道徳の喪失《そうしつ》と風紀《ふうき》の乱れが甚《はなは》だしく、無気力が支配するようになっていた。さらにヒジュラ暦三六六年（九七六／九七七年）もしくは三六七年（九七七／九七八年）に発生した大地震は、シーラーフの都市活動を破局的な状態に陥《おとしい》れた。このような十世紀以後の東イスラム世界をとりまく社会・経済変化をいち早く察知《さっち》したシーラーフの富豪商人や船乗りたちは、彼らの活動拠点をインド南西海岸のグジャラートやマラバールの諸地方、南アラビア、イエメン、紅海沿岸部に移したのである。そのなかでもアデンは、サーサーン朝ペルシア帝国の時代からイラン系移住者や商人たちが多数居住していたので、そこを拠点にして紅海沿岸部や東アフリカ海岸に彼らの交易ネットワークを拡大していった。」
（家島彦一『イスラム世界の成立と国際商業』、三六六頁）

家島氏のこの記述は、シーラーフ都市社会の衰退に見切りをつけた商人たちが、競《こぞ》って、活動拠点を紅海や東アフリカ沿岸部に移し、ネットワークを拡大していったことを指摘している。

ここで重要なのは、シーラーフの衰亡に拍車《はくしゃ》をかけたヒジュラ暦三六六年（西暦九七六－七年）の大地震である。もしも、この大地震が、『キルワ年代記』のハッサン王の夢にあらわれたネズミの話と関連しているとすると、夢の話は、一挙に現実味を帯びてくる。

シラジ・モスク

ザンジバル島の南端《なんたん》に、キジムカジという名の小さな村がある。そこに、もうひとつシラジ伝説の謎を解く手がかりがある。「シラジ・モスク」がそれである。ストーン・タウンから南に三十キロ。穴ぼこだらけの舗装《ほそう》道路を車でよろよろ行くと、たっぷり二時間はかかる。もうもうと舞い上がる土煙《つちけむり》の中を、車は目的地に着く。そこは、集落のはずれ、海辺に近い閑散《かんさん》とした草むらの中だった。エンジンを止めると、あたりは鳥の羽音《はおと》さえ聞こえるほどに静まりかえっている。

「これが、シラジ・モスクです。」

同行したガイドが指差《ゆびさ》す方《かた》を見て、わたしはがっかりした。そこにはトタンでおおわれた、何の変《へん》

シラジ・モスクのミフラーブ

(1993年撮影)

東アフリカで「シラジ」という民族名を自認している人々は、シーア派ではなく、スンナ派のイスラームを信奉している。なぜスンナ派なのか。その謎を解く作業は、まだ緒についたばかりである。

哲《てつ》もない家が建っているだけなのだ。

「えっ、これがモスクですって?」

なにかの間違いではないか。わたしは、十二世紀に建造されたザンジバル最古のモスクを見るために、遠路《えんろ》はるばるやってきたのである。わたしの想像するモスクは、たとえ小さくとも古式《こしき》で伝統的な威厳《いげん》を備えた建造物でなければならない。

「入口はこちらです。中に入りましょう。」

ガイドの言葉に従った。ところが入口の扉が開かない。かっちり錠《じょう》がかけられている。ガイドは、何かブツブツ言いながら、集落に引き返していった。

ガイドの帰りを待つ間、ふと思いついて、その何の変哲もない建物の裏手《うらて》にまわってみた。するとどうだろう。裏側は、どっしりした石造りになっており、もともとは珊瑚石《さんごせき》の真っ白いしっくいだったと思われる分厚い壁が、積年《せきねん》の風雨《ふうう》にさらされ黒ずんでいる。

「あっ、これだ。やはり、これが、シラジ・モスクだ。」

ガイドがモスクの管理人らしき男性を従えてもどってきた。くつを脱ぎ、モスクに入る。想像していたより内部はひろい。百人は収容できそうな広さである。入るとすぐ、メッカの方向を示す壁の窪《くぼ》み（ミフラーブ）が目にとまった。まるで聖所《せいじょ》の祭壇《さいだん》のようなたたずまいである。メッカに向かって通じる洞窟《どうくつ》のようでもあった。しかも、洞窟は、天蓋《てんがい》まで鮮やかな緑色に染めあげられていた。

その窪みに沿ってアラビア文字が並んでいる。遠くから見ると幾何学模様にしか見えない。しかし、近づいてよく見ると、それはまさしく文字なのだ。そこには、このモスクの建立者《こんりゅうしゃ》の名と、イスラム暦《れき》五百年十二月（西暦一一〇七年）の日曜日という日付が記されているという。それは、それでよいのだが、問題は、その書体《しょたい》である。専門家による検証の結果、それが、かつてペルシアのシーラーズ地方で使われていた独特のアラビア文字であることが判明したのである。

わたしは、この独特のアラビア文字を見るために、この小さな村に足をはこんだのだった。ザンジバルに、シーラーズと何らかの関係がある人物がいたことを、この目で確かめるために。

後日、同じ書体のアラビア文字が、別のモスクの遺跡《いせき》からも発見されたことを知った。シラジ伝説の謎を解くデータは、まだまだ地中に埋もれているのかもしれない。

新年祭「ナイルージ」

シラジ伝説の謎を解くデータとして、文化人類学的にも興味深い行事がザンジバル島に残っている。新年祭「ナイルージ」である。一九八七年七月のある日、わたしは、その行事を見るために、早朝七時に宿泊先のホテルをでた。目的地は、島の南端にある小さな半農半漁《はんのうはんぎょ》の村である。二時間ほど車にゆられて、目あての村に着く。

会場となる大きな広場には、すでに村びとが集まっていた。あたり一面、雑草の生い茂るままの広場である。周囲には、ココ椰子やマンゴーの木々が茂っている。わたしは直射日光を避け、マンゴーの木陰《こかげ》で祭りの開始を待った。一時間が過ぎ、二時間が過ぎた。

退屈が頂点に達したころ、突然、半袖《はんそで》シャツに半ズボンの猛々《たけだけ》しい男たちの一団が広場になだれこんできた。手に手に棒切れを持ち、異様な奇声《きせい》をあげながら、広場の中心に向かって駆けて行く。棒切れのように見えたのは、バナナの葉の茎《くき》のようだ。

そのとき、反対側からも、別の集団がダダダーッとあらわれ、手に手に棒切れを振りかざしながら、ぐるぐる周囲を旋回《せんかい》しはじめた。広場は、猛《たけ》り狂った男たちの群れに占拠されてしまった。あれよあれよという間であった。そして、眼の前で、格闘《かくとう》が始まった。悲鳴が飛び交い、喚声《かんせい》があがる。ほんもののなぐり合いが始まったのだ。眼の色を変えた男たちが、体ごとぶつかり合い、必死の形相《ぎょうそう》で闘っている。

男たちが近づくたびに、見物人は、木陰から木陰に逃げまどう。そのたびに、乾《かわ》いた土煙《つちけむり》がもう

「ナイルージ」祭（スワヒリ語では「スィク・ヤ・ムワカ」）
（1987年撮影）

もうと舞い上がる。その土煙の中を、次の集団が駆け抜ける。男たちは、汗とほこりにまみれている。すさまじいエネルギーの爆発だ。

しかし、驚くのはまだ早かった。実は、そのエネルギーの爆発に、さらに油をそそぐ巧《こう》妙《みょう》な仕掛けがあったのだ。女たちの登場である。足で大地をけり、腰でリズムをとりながら、歌に合わせて行きつ戻りつ、じょじょに前進し、戦闘中の男たちを外側から包囲《ほうい》してゆく。赤や黄、青や緑の原色で染めあげた女たちの衣装、力強い歌声、躍動《やくどう》する肢体《したい》、それらがすごい迫力となって、男たちを追いつめてゆく。

女たちの数は、見る見るふくれあがり、広場を埋めつくしていった。わたしは埃《ほこり》よけのためにスカーフをすっぽり頭から被《かぶ》り、目ばかりキョロキョロさせながら、この驚異のドラマにみとれていた。

気がつくと、祭りはクライマックスの熱狂

から、静かなフィナーレへと移っていた。男も女も、静まり返り、椰子の葉の祠《ほこら》のまわりに、黙々《もくもく》と円陣《えんじん》をつくって、立ちつくしていた。

昼下がりの太陽が、広場を埋めた褐色《かっしょく》の人間の塊《かたまり》をギラギラ焼いている。やがて、椰子の葉に火がつけられた。乾き切った椰子の葉は、めらめら燃え上がり、またたく間に燃え尽きていく。祭りは終わった。青い煙をあとに残して人びとは広場から去ってゆく。動から静へのみごとな転換であった。

歴史家ジョン・グレイは、この祭りが、旧年中の厄除《やくよ》けと、新年の豊穣《ほうじょう》を祈念《きねん》するペルシアの祭り「ノウルーズ」に由来するとして、論文の中で次のように述べている。

「長い西アジア地域との交流の中で、ペルシアからの移民がザンジバル島にもたらしたものの中に、ゾロアスター教の三六五日の太陽暦がある。その証拠が、人びとの祝う新年祭であり、それはペルシアのジャムシッド・ノウルーズと同じ日なのである。その名はまさにナイルージ。これは、ペルシア語のノウルーズのスワヒリなまりである。人びとは、その日、祭事《さいじ》の一環として、日の出前に海に出て身を清めた。また、この日を反秩序の日として享受《きょうじゅ》し、日頃の鬱憤《うっぷん》を晴らすために、インド商人の金貸しを襲撃《しゅうげき》したりした。時には死者もでた。」

（グレイ「ナイルージ・もしくは新年祭」、一一頁）

このように、グレイは、ザンジバルのナイルージとペルシアのノウルーズとの関連を指摘する。さらに、類似《るいじ》の祭りが東アフリカ沿岸部のスワヒリ諸都市においても観察できるということ、しかも、これらの都市が十世紀から十五世紀にかけて成立し、そのいずれもがシラジ伝説をもつ都市であるという事実もある。伝説と史実との間の距離が、ますます接近してきたようにわたしには思われた。

ペルシアからの移民によるスワヒリ諸都市の建設という話は、まさに伝説と史実との間を往復しながら、現在も東アフリカの人びとの間で語りつがれている。わたしは、東アフリカ沿岸部の多くのスワヒリ都市の支配層が、シラジというアイデンティティを選び取っていた十−十五世紀を、スワヒリ史における「シラジ時代」と名づけることにする。

さて、歴史の中のシラジ時代は、ポルトガル艦隊の来航を機に、大きな転換期を迎えることになる。

ザンジバル・シラジ王朝のムウェニ・ムクー、ムハンマド・ビン・アハメド・エル＝アラウィ（在位1845−65）とその息子で最後のムウェニ・ムクー、アハメド（1873年没）。このシラジ王朝にはペルシア人やハドラマウト（イエメン）からの移民の血が混っている。
©Zanzibar National Archives

3　ポルトガルの進出とスワヒリ世界

ヴァスコ・ダ・ガマの到来

インド洋交易ネットワークの拠点として静かな繁栄を享受《きょうじゅ》していたスワヒリ世界を、突如西欧が切り裂いた。アフリカ大陸南端を迂回《うかい》して現れたヴァスコ・ダ・ガマ率《ひき》いる三隻のポルトガル艦隊である。一四九八年のことであった。

艦隊は、南部アフリカのモザンビーク島を経由し、一路船首《せんしゅ》をスワヒリ沿岸に向けて北上する。といっても、正確な海図《かいず》があるわけではない。現地の水先案内人だけがたよりである。気儘《きまま》な季節風に悩まされながら、艦隊はようやくモンバサ島（現ケニア沿岸）の沖合《おきあい》に辿《たど》り着く。ガマの一行には、ここで食料を補給し、インドまでの水先案内人を新たに確保するという目的があった。

こうして、西欧とスワヒリ世界との初めての出会いが用意された。いったい、どのような出会いだったのか。それを知る手掛《てが》かりが残されている。ガマに同行したポルトガル人の手記である。手記には、その時の様子が、次のように書き記されている。

「四月七日（土曜日）、モンバサ島沖合に投錨《とうびょう》。港内は、満艦飾《まんかんしょく》の船でいっぱいだ。負けじと、われわれも持てる限りの旗で艦船《かんせん》を飾りたてる。……急いで、入港する必要はない。いずれにせよ上陸は明日なのだ。……

真夜中、見張りの声で目を覚ました。甲板《かんぱん》に出る。短剣や楯《たて》で武装した百人ほどの男たちが、ザヴラ（小さなボート）で近づいてくる。艦長は、その中から身分の高そうな者を数名選んで乗船させた。彼らは、二時間ほど船上にとどまった後、去っていった。偵察《ていさつ》にきたのだろう。

四月八日（日曜日）、モンバサ島の首長から、贈り物として一頭の羊と大量の果物《くだもの》（オレンジやレモンなど）が届く。使者は二人。白人に近い容貌をしている。キリスト教徒だと言っている。嘘《うそ》でもないらしい。使者は、われわれが入港すれば、必要な物をすべて提供する、との首長のメッセージを艦長に伝えた。艦長は、返礼として珊瑚《さんご》のビーズを使者に託《たく》し、入港予定を伝えた。……首長の真意を確認するため、艦長は、ポルトガルから連行していた二人の死刑囚を首長の館《やかた》に派遣した。……彼らは、交易のサンプルとして丁子《ちょうじ》や胡椒《こしょう》を首長から託されて帰船した。……

四月十日（火曜日）、いよいよ入港である。錨《いかり》をあげる。船首を港に向け、出帆《しゅっぱん》の用意をする。ところが、艦長の乗った船が舵《かじ》をきるのに失敗し、後続の船に衝突《しょうとつ》。その際《さい》、船上での不穏《ふおん》な動きが発覚した。水先案内人としてモザンビークから乗船した二人のムーア人を拷問《ごうもん》にかけたところ、彼らは、モンバサのイスラーム教徒を抱き込んで、われわれがモザンビークで行ったことに対する復讐《ふくしゅう》を企てていたことを白状した。……

真夜中のことだった。二隻の丸木舟《まるきぶね》が闇《やみ》に乗じて近づき、ともづなを切ろうとしているのを見張りが発見した。気づかれたと知って、敵は退散。……結局、われわれは入港をあきらめざるを得なかった。」（グレンヴィル『東アフリカ沿岸十一―十九世紀初頭の一次史料撰集』、五一―五二頁）

モンバサを出港したヴァスコ・ダ・ガマの艦隊は、百キロほど北に位置する港町マリンディに向かった。ガマ一行は、モンバサとはうってかわって友好的なマリンディの人びとの歓待《かんたい》を受け、食料や飲料水を積み込み、水先案内人を確保してインドに向かって出航する。こうしてガマの艦隊が、首尾《しゅび》よくインドのカリカットに到達したことは、世界史的出来事としてひろく知られるとおりである。なお、手記にある「キリスト教徒」はインド人、実際は、ヒンドゥー教徒であったとの指摘もある。

さて、以上の手記を注意深く読むと、当初モンバサの首長とその住民が、ガマ一行の強い警戒心を解き、何とかして商取引を行おうとしている様子がうかがえる。しかし、モザンビーク島での一件が、それを台無しにした。

モザンビーク島での出来事とは、いったい何であったか。史料を調べてみると、ガマ一行が飲料水を補給するために島に寄港した折、ポルトガル人と住民との間に小ぜり合いが生じ、それが戦闘へと発展、島民の間に死傷者がでた事件を指している。このモザンビークでの出来事はまたたく間に、スワヒリ諸都市の住民に伝わり、ポルトガル人への解きがたい不信感を残した。

こうした中で、執拗《しつよう》に攻撃を繰り返すポルトガル軍によって、スワヒリ諸都市は次々に占領され、その支配下に組み込まれてゆくことになる。とはいえ、スワヒリ諸都市のポルトガルに対するスタンスの取り方には、微妙な違いがあった。

モンバサは、食糧の略奪や焼打ち・暴行にあいながら、百年近くも抵抗し続けたが、ザンジバルは、早々と投降し、ポルトガルとの協調路線を選択している。また、十三世紀以降、栄華をきわめていたキルワ島のシラジ王朝は、反撃する間もなく打破され、町は破壊された。そして、はじめから親ポルトガル路線を選択し、友好関係を保持し続けたマリンディの選択は、強大なモンバサ勢力にたいする対抗手段であったともいわれている。

マリンディの海岸に立つと、インド洋に突き出た岬の突端に真っ白い十字架の塔が見える。ヴァスコ・ダ・ガマの寄港を記念して建造された塔である。近くに、イエズス会の伝道師フランシスコ・ザビエルが祈禱《きとう》したという小さな教会の遺跡ものこっていた。

オスマン帝国の影

一五九二年、ポルトガルは、突如《とつじょ》として、これまでの戦略を転換し、港市モンバサの占領にむかって直進する。そのきっかけとなったのは、西アジアにおけるイスラーム世界の覇者《はしゃ》オスマン帝国の動きであった。

オスマン帝国は、一五八〇年代半ば頃から、モンバサ軍と提携してポルトガルを駆逐《くちく》しようと東アフリカ沿岸一帯に触手《しょくしゅ》を伸ばし始めていた。その動きの中で、警戒感を深めたポルトガルが機先《きせん》を制してモンバサを攻撃したのである。マリンディが、これに協力した。

モンバサのシラジ王朝は、こうして歴史の舞台から姿を消した。ポルトガルは、ただちにインド洋を臨むモンバサ島の断崖《だんがい》に軍事要塞《ようさい》を建設する。これが、モンバサ島に、今も残るフォート・ジーザスである。ポルトガルのスワヒリ沿岸部における拠点《きょてん》は、このようにしてマリンディからモンバサ島へと移行した。

しかし、フォート・ジーザスを拠点としたポルトガルの軍事的優位は、そう長くは続かなかった。沿岸部の反ポルトガル勢力が確実に軍事力をつけていったからである。そして、ついに一六三一年、異変が起こる。この年、それまで完全に帰順《きじゅん》したかにみえたモンバサのスワヒリ勢力が、ポルトガル軍に対し反撃を開始したのである。

このモンバサ蜂起《ほうき》に他のスワヒリ諸都市が呼応《こおう》し、反ポルトガル陣営《じんえい》を強化した。戦局は、スワヒリ連合軍有利に展開するかにみえながら、激しい攻防《こうぼう》は一進一退をくりかえした。

こうした膠着《こうちゃく》状態に、最後のとどめをさすかのように登場したのが、スワヒリ諸都市の要請を受けて立ったオマーン王国であった。東アフリカ沿岸部に出撃したオマーン艦隊は、真向からポルトガル軍に勝敗を挑《いど》み、一六九八年、勝利を手にする。キリスト教国ポルトガルの勢力は、スワヒリ世界から撤退、ここに、イスラーム王国オマーンを覇者《はしゃ》とする新しい歴史の幕が切って落とされることになる。

スワヒリ世界にとって、ポルトガルの支配はどのような意味をもったのか。これについては、大きくわけて三つの説がある。ポルトガルの介入によって純正なスワヒリ文化が消滅したという説、ポルトガルによる海上支配にもかかわらず交易活動はますます盛んになり、本格的なスワヒリ文化が花開いたという説、および、ポルトガルの海上封鎖の結果、スワヒリ文化のアフリカ化が進行したという説である。消滅説は考古学的資料に、開花説はアラビア語文献に、アフリカ化説は、ポルトガルの影響力を評価した結果の推論にそれぞれ依拠《いきょ》している。

さて、話を先に進める前に、オマーン王国の台頭《たいとう》を促した政治的・経済的背景にふれておく必要があるだろう。それは、インド洋西域を舞台に繰り広げられた商業ネットワークをめぐる熾烈《しれつ》な争いにおいて、オーマン王国がその勝利者として登場してゆく歴史過程の分析と重なっている。

オマーン王国の台頭

オマーンは、アラビア半島の東南部に位置する王国である。そのオマーンが十七世紀に海洋帝国として台頭し、東アフリカ一帯に覇権《はけん》を確立してゆく歴史過程には、いくつかの「幸運」が二重、三重に重なり合っていた。ここでは、それを三つのポイントに絞ってまとめておこう。

第一の幸運は、名もない小さな港町にすぎなかったオマーン王国のマスカトが、ポルトガル軍による占領（一五〇七年）を契機に、一躍国際的な交易拠点として浮上《ふじょう》したことに関連している。マスカト港は急成長し、ポルトガル商人やインド人商人のひしめくインド洋交易圏の重要な拠点となっていった。マスカト港の国際化はオマーン経済を刺激し、ナツメヤシの実や干魚《ほしざかな》などの輸出が一挙に拡大する。オマーン王国は、マスカトをポルトガルに奪われることによって、おもわぬ仕方で新たな富と活力を手に入れることになったのである。

オマーン王家の財力は潤《うるお》い、やがて、宿敵《しゅくてき》ポルトガルをマスカトから追放（一六五〇年）することによって、その軍事力は何倍にも増強された。ポルトガルによるマスカト占領は、オマーンにとって全く予期せぬ僥幸《ぎょうこう》であったというべきだろう。

第二の幸運は、イスラーム世界の覇者オスマン帝国のインド洋進出が、ポルトガル軍によるマスカト支配の時期と重なっていたことと関係している。

オスマン帝国は、前後二度にわたって軍団をペルシア湾に派遣し、マスカト占領を企図《きと》するが、そのつどポルトガル軍の迎撃《げいげき》にあい、敗退している。このような仕方でオーマンは、オスマン帝国の支配を免《まぬ》がれることができたのである。オマーン王国にとって、ポルトガルは、まさに「時の氏神《うじがみ》」だったのだ。

マスカト港に今も残るふたつの要塞《ようさい》ミラニとジェラリは、モンバサのフォート・ジーザスがそうであるように、ポルトガルがオスマン帝国の進出に備えて建設した巨大な砦《とりで》だったのである。

最後に、第三の幸運がくる。時代は十九世紀初頭。この時期、ヨーロッパ大陸ではナポレオン戦争が展開していた。それが、インド洋に飛火《とびひ》し、インド洋海域は、かねてからインドへの通商ルートをめぐって対立していた英仏両国の覇権争いの舞台となる。このことが、なぜオマーン王国にとって追い風となったのか。

それは、英仏の戦闘中、オマーン船籍の艦船が「中立国」の立場を利用し、インド洋における物資の輸送を一手に引き受け、莫大《ばくだい》な利益を手にすることができたからである。「中立国」の地位を維持できたのは、オマーンがインドへのルートの要衝《ようしょう》というきわめて戦略的に重要なペルシア湾の入口に位置していたことによる。英仏両国による戦闘終結の条件として、オマーン王国の中立化が停戦の

マスカト港遠景　（1984年撮影）

遵守《じゅんしゅ》事項に加えられたのは、そのせいであった。インド亜大陸をはじめ、スワヒリ世界が、ことごとく西欧諸国によって植民地化されてゆく中で、このような形でオマーン王国が植民地化を免れることができたのは、まさに幸運としかいいようがない。

以上のようにみてくると、アラビア半島の王国オマーンが、インド洋海域に覇権《はけん》を確立してゆく背景には、実に複雑な世界史的状況があり、それが幾重《いくえ》にも絡《から》み合ってオマーン有利にはたらいていたことがわかるだろう。

しかし、もちろんそれだけではない。こうした幸運に加えて、オマーン歴代の王たちの歴史を見とおす眼力《がんりき》が、ここでは大きくものをいう。そうした中で、とりわけ傑出した眼力の持ち主がいた。十九世紀初頭に王位に就《つ》くアル＝ブーサイーディ朝のサイード・ビン・スルターンその人である。

サイード王の登場によって、ザンジバルは、にわかに時代の脚光を浴びることになる。それは、スワヒリ世界に、これまでとは違った新しいイスラームの「文明開化」を告げる時代の到来であった。

ストーン・タウンに残る「アラブ砦」 オマーン・アラブにより17世紀末にポルトガル軍の攻撃に備えて建造された。 (1986年撮影)

第二章　ウスタアラブの光芒《こうぼう》

ザンジバル・ドア　　　（1987年撮影）

1　スワヒリ世界の文明開化

ウスタアラブ

「ウスタアラブ」というスワヒリ語がある。言葉の本来の意味は「アラビア語を学ぶこと」であったり、「アラビア語を学ぶ人」である。しかし、スワヒリ世界の人びとは、それを英語のシヴィリゼイション（文明・文明開化）とほとんど同義《どうぎ》に用いている。「アラビア語を学ぶこと」が、なぜ「文明」であり「開化」を意味するようになったのか。

十－十五世紀のシラジ時代、スワヒリ諸都市の人びとがペルシアのシーラーズとの関連で「シラジ」というアイデンティティを主張したことは、すでに述べた。

その背景に、イスラームを、「野蛮」に対する「文明」として位置づけようとする価値観が働いていたことは、おそらく疑問の余地がない。この価値観は、ポルトガルの支配下でも維持されたと見てよいだろう。キリスト教が、ほとんど根づかなかったことが、そのひとつの証《あか》しである。

十九世紀にはいり、オマーンのサイード王がザンジバル島に王都ストーン・タウンを建設すると、アラビア半島からの移民が増加した。その中には、有名無名のイスラーム導師《どうし》も含まれる。スワヒリ社会に新風を吹き込んだのがこうした移民たちである。変化は二つの局面で展開した。

一つは、アラビア語の普及、もう一つは、イスラームの理念とする開かれた共同体、すなわち普遍的世界性をめざす理念の一般化である。その中で、アラブ化することはイスラーム化することであり、イスラーム化は文明開化であるとみる一元的世界観が、打ち出されてゆくことになる。人々は、競《きそ》ってアラビア語を習い、イスラームの聖典《せいてん》を尊重し、アラブ的文明を身につけることに新しい価値を見出した。コーランに書かれたアラビア語の読み書きができることは、文明開化の代名詞となったのである。

こうした新しいイスラーム文明への志向《しこう》は、この時期、彼らが、競うようにアラブ風の家名《かめい》（ニスバ）を採用し、改姓《かいせい》していった現象に象徴的にあらわれている。一例をあげると、モンバサのキリンディニに住む人びとは、アル＝キンディ、キフィリに住む人びとは、アル＝クーフィ、タンガタに住む人びとは、イスラム史上もっとも高貴な家系であるアル＝タイフという名前にあやかるといった風である。ちなみに、「アル」というのは、英語の定冠詞《ていかんし》の「ザ」（the）にあたる。アラビア語では、「アル」をつけると、家系をあらわす固有名詞となるのである。

スワヒリ社会の人びとは、一般に家名というものを持たなかった。そのような人びとにとって、アラブ風の家名が、どのような意味を持ったかは想像に難《かた》くない。アラブ化は、家屋・家具・衣類のファッションにまでおよんだ。木彫りのドアに描かれる模様も、花などをあしらった華麗《かれい》な装飾が好まれるようになり、いわゆるザンジバル・ドアとして知られる新しいスタイルが出現する。

そこには、これまでの正統イスラーム対辺境イスラームという二項《にこう》対立的世界の止揚《しよう》があり、新しい社会の到来にたいする人びとの大きな期待があったと言うべきだろう。こうしたウスタアラブ旋風《せんぷう》が東アフリカ沿岸部のスワヒリ世界を台風のように席巻《せっけん》し、その旋風の中心的役割をザンジバル島のストーン・タウンが担《にな》うことになるのである。

当時のストーン・タウンの雰囲気や生活については、サイード王の娘サルマが書き残した貴重な回想録がある。そこには、王女であるが故《ゆえ》に知ることのできた宮廷の内側の生活が書き込まれており、これによって、わたしたちは、ウスタアラブが放つ文明の息吹《いぶき》を感じとることができる。

王都ストーン・タウンの生活――『アラビア王女の回想録』から

サイード王には、三人の正妻《せいさい》がいた。第一の正妻は、慣習に従って結婚したイトコのビビ・アザ。第二・第三の正妻は、政略結婚によって迎えたペルシアの王女たちである。正妻の他に、七十人を越える女性が側室《そくしつ》としてハレムでの生活を送っていたとされる。

実は、この三番目の正妻が、先に述べた「バラとワインと恋とふくろうの町」シーラーズからやってきた美貌《びぼう》の王女シエラザードなのである。彼女に関しては、自由奔放《ほんぽう》で、乗馬に興《きょう》じ、シーラーズ風の豪華な衣装を身にまとい、浪費をきわめたため離縁されたとの話が伝えられている。

ところで、サイード王に子供は何人いたのか。一説によれば、百人とも百二十人ともいわれている。確かなことは、王の没後、イスラーム法によって、遺産相続人に認定された子供は三十六人だけだったということである。それも、すべて側室の子供であったという。したがって、ここに紹介する『回想録』の著者サルマも、側室の子であった。母親の素性《すじょう》については、七、八歳のころ戦争で両親を失い、オマーン王家にひきとられたチェルケス人（中央アジア、カフカース地方の一民族）の女性であったことが知られている。

サルマの『回想録』は、彼女が生まれ育った農村部の離宮の生活描写からはじまる。王は、この離宮で週四日を過ごし、残りの三日をストーン・タウンの宮殿で過ごしていた。

側室たちが住む離宮には、たくさんの部屋があった。各部屋には、一面にペルシア絨毯《じゅうたん》が敷き詰められ、ヨーロッパ製の鏡や時計や紫檀《したん》のベッドが置かれていた。壁面《へきめん》には色とりどりの美しいカットグラスや水さしが並べられ、部屋の中央には、トルコ風の湯船《ゆぶね》が二つしつらえられていた。食事は、ペルシア風かトルコ風。衣装は、アラブ風と決まっていた。

離宮で生まれ育った王子たちは、一八歳から二十歳になると独立し、ストーン・タウンに館《やかた》をあてがえられて離宮を離れる。サルマの場合、腹違《はらちが》いの兄マジドが独立してストーン・タウンに館を構えたのを機に、母親と共にマジドの館に移り住むことになる。死別したマジドの母親に代わって、サルマの母親が王子の世話役を命じられたからである。後でふれるが、サルマにとっては、これが、やがて王位に就《つ》くマジドとの重要な起縁《きえん》となった。

ストーン・タウンに移ったある日のこと、サルマは、母親に連れられて王宮をたずねている。王宮に着いたのは、朝まだ暗い時刻。アラブ服を着て、頭の毛を剃《そ》ったヌビア人（エジプト南部の出身者）の門番に迎えられ、海を一望《いちぼう》できる部屋に通される。そのベランダから見下ろす中庭の風景を、サルマは、生き生きと描写している。

早朝にもかかわらず、広場にはたくさんの男や女たちが忙しく立ち働いている。その傍らで髪を剃っている奴隷もいれば、ココ椰子の葉でバスケットを編んでいる女たちもいる。入口付近には、王との接見《せっけん》を待つオマーン人の長い行列が続いている。

中庭に続く調理場では、何人もの料理人が、包丁《ほうちょう》をふるっている。山積みにされた大量の肉や魚。砂糖やバター、米や果物の山。スワヒリ語が飛び交い、それにまじってこれまで聞いたこともない、たくさんの外国語が耳に飛び込んでくる。

「まるで、バザールのようだわ」サルマは、思わずつぶやく……。

これが、サルマの見た王宮の朝の風景なのであった。

祝祭

サルマの回想録の中で注目すべきは、イスラームの二大祭《にたいさい》の記録である。二大祭とは、犠牲祭《ぎせいさい》(イード・アル＝アドハー)と、断食《だんじき》明けの祝祭《しゅくさい》(イード・アル＝フィトル)を指す。

犠牲祭は、イスラーム暦十二月の巡礼月に行われる。巡礼は、ムスリム(イスラーム教徒)に課された戒律《かいりつ》である五行六信《ごぎょうろくしん》(イバーダード)のひとつ。ムスリムなら、一生に一度は、アラビア半島のメッカに詣《もう》でることを悲願としている。犠牲祭は、巡礼の最終日にあたる十日から十三日の四日間にわたって執《と》り行われる。

「ラマダーン」として知られるのが、断食である。これも、イバーダードに含まれる。断食が課されるのは、イスラーム暦九月の一か月。幼児・病人・妊婦などをのぞくすべてのムスリムは、この間、日の出から日没まで、一切の飲食を断つ。断食明けの三日間が祝祭日となる。

サルマは、七歳に達したときから断食をはじめた。しかし喉《のど》の渇きに耐えきれず水を飲んでしまったこともあると、回想録の中で告白している。

新月《しんげつ》があらわれると断食は明ける。人びとは、この日が近づくと城塞《じょうさい》やダウ船のマストに攀《よ》じ登り、月の出の第一報を競《きそ》い合う。

新月の確認と同時に断食は終わり、祝祭の開始を告げる三発の祝砲《しゅくほう》が打ち上げられる。それを合図《あいず》に、人びとは喜びの挨拶《あいさつ》を交《かわ》し、一大饗宴《きょうえん》がはじまるのである。いよいよサルマが待ちに待った日が、訪れたのだ。

いたるところで、家畜が大量に屠殺《とさつ》され、街中《まちじゅう》が祝宴の準備に大わらわとなる。そのどさくさにまぎれて、アラブ商人が日頃の鬱憤《うっぷん》を晴らそうと、菜食主義者のインド人を屠殺コーナーに引きずり込む、などという噂《うわさ》がまことしやかに流れ、人びとを震《ふる》えあがらせる。

女たちは、この日のために、一年がかりで用意した晴れ着をまとい、手足に赤い顔料《がんりょう》（ヘンナ）で好みの文様《もんよう》を描いて美を競う（一五〇頁の写真参照）。

さかんに爆竹《ばくちく》が鳴る。船のマストには、色とりどりの旗《はた》が風にたなびき、海も陸も祭り一色となる。

男たちは、モスクでの祈りをおえると、ぞくぞく王宮へ集まってくる。その中には、沿岸部の町やオマーンから遠路はるばるやってきた人びとも含まれていた。やがて王宮前の広場は、群衆で埋めつくされる。そのつめかけた群衆に対して王が贈り物をする。これが、この祝祭の最大のイヴェントであった、とサルマは回想している。

贈り物は、貧者《ひんじゃ》や奴隷や病人に対してはもちろん、富める者にも、宦官《かんがん》にも、兵士にも、それぞれの地位や身分に応じて分配される。宝石や貴金属から、綿布や穀物にいたる、さまざまな種類のおびただしい量の贈り物、それらがすべての人びとに、与えられるのだ。

サルマが描きだしたストーン・タウンの祝祭とは、いったい何だったのか。わたしには、それこそが、イスラームの文明開化、すなわちウスタアラブそのものであったように思われる。そこにこそ、王権と富と民衆の平和が象徴的に表現されているからである。それは単に、観念としてではなく、具体的に眼にみえる形で展開されねばならなかったのである。つまり、祝祭における王の贈与は、イスラームにおける神の祝福の象徴的行為であり、それは、王が王権の正統な行使によって手にした莫大《ばくだい》な利潤を、民衆に再分配する機会として機能していた。

一方、民衆は、王からの贈与を権利として受領《じゅりょう》し、それによって王への忠誠をあらためて誓ったのである。王と民衆とのこの贈与と交換の図式が、イスラームの祝祭の基本的な構図であった。民衆の側からすると、祝祭は、王がいかに王としてふさわしく振る舞うかを監視し、その正統性の根拠を問う不可欠の機会だったのである。

王女サルマの生涯

最後に、王女サルマの生涯を簡潔に紹介しておく。サルマは、一八四四年、オマーン王サイードの王女としてザンジバルに生まれ、一九二四年に八十歳でドイツに没した。サルマの波瀾《はらん》に富んだ生涯は、禁じられた恋によって幕を開ける。二十二歳の時、ザンジバルの商館に駐在していたドイツ人の青年と恋におち、子供を身籠《みごも》ったのである。この間の事情を、サルマは『回想録』の中で、次のように記している。

「わたしの住む館《やかた》は、彼の家のすぐ隣でした。彼の家の屋根は、わたしの館の屋根よりいくらか低かったので、彼が夕食会を開いて客をもてなしている様子が、わたしの部屋からよく見えました。彼は、ヨーロッパ風のパーティーをわたしが見て喜ぶことを知っていたのです。わたしした

サイード王の娘サルマ（1844－1924）
リューテという名のドイツ人と結婚し、ドイツ語で回想録を残したザンジバル生まれのアラブの王女。

ちの友情はすぐに恋にかわり、やがて街中の知るところとなりました。

この頃、兄のマジドは父王サイードのあとを継いで王位に就いていましたが、わたしたちのことを知ってもとくべつ不快感を示すことはありませんでした。巷《ちまた》でささやかれていたように、王がわたしを監禁した、などということはありません。けれど、結婚が許されるはずのないことを知っていたわたしは、この愛を守り抜くには、密《ひそ》かにザンジバルを脱出するほかないと心に決めていました。最初の試みは失敗におわりましたが、幸運はわたしを見捨てませんでした。ある日、イギリスの副領事夫人が、闇夜《やみよ》に乗じてイギリスの軍艦で脱出する手引きをしてくれたのです。わたしは、その軍艦でアデンまでいき、そこで彼を待ちました。

わたしは、彼を待っている間に、キリスト教について学び、英国国教会で洗礼を受けました。エミリーというのがわたしのクリスチャンネームです。……」

（サイード＝リューテ『アラビア王女の回想録』、二七〇―二七一頁）


アデンに逃れた時、サルマはすでに乳飲《ちの》み子を抱えていた。結婚式は、サルマがキリスト教に改宗し、洗礼を受けたその日に行われている。

アデンからドイツに渡ったサルマは、ハンブルクで生涯最も幸せであったに違いない日々を過ごす。しかし、その三年後、突然の不幸が彼女を襲《おそ》った。交通事故による夫の死である。三月《みつき》たらずの幼な児を含む三人の子供がサルマの手に残された。

深い悲しみに沈んでいた彼女のもとに、ザンジバルから悲報が届く。それは、彼女が頼りにしていた王マジドの死を告げる報せであった。さらに、追い打ちをかけるように、彼女の心を傷つける報せが続いた。それは、マジドに代わって王位を継いだバルガッシュが、キリスト教に改宗したサルマを遺産相続人のリストからはずしたという通告であった。サルマは、二年後、傷心《しょうしん》のうちにドレスデンへと居を移す。

一八七五年、たまたま新聞でバルガッシュ王訪英のニュースを知ったサルマは、正当な遺産相続権の回復を訴えるべくロンドンへ赴《おもむ》く。

ところが、今度は、イギリスがサルマの行く手に立ちはだかった。バルガッシュ王の機嫌《きげん》を損《そこ》ねることを恐れたイギリス政府は、子供への養育費支給の約束とひきかえに、バルガッシュ王との会見をサルマに断念させたのである。

しかし、ドイツに帰ったサルマを待っていたのは、イギリス政府からの冷たい手紙であった。手紙は、サルマの子供たちがドイツ国籍であるがゆえに、養育費を受給する資格のないことを通告していた。サルマからすると、いかにも不当な、納得《なっとく》できないイギリス政府の対応である。

「イギリス政府は、わたしがバルガッシュ王に直接影響を与える立場にいた時は、まるでわたしがイギリス人の女性であるかのごとくに丁重《ていちょう》に扱い、バルガッシュ王がザンジバルにもどり、手の届かないところにいってしまうと、今度はわたしをドイツ人の女性であるとして、冷たくつき放したのです。」（同、二八一頁）

サルマが、三人の子供を連れて故郷のザンジバル島を訪れたのは、それから十年後の一八八五年のことであった。帰郷には、問題の遺産相続権をめぐる交渉がからんでいた。しかし、彼女の主張は、そこでも冷たく無視された。遺産問題は暗礁《あんしょう》にのりあげたまま、サルマはドイツに引き返す。

実は、このサルマのザンジバル帰郷には、列強の政治的駆《か》け引きがからんでいた。親英的なバルガッシュ王に政治的圧力をかけるため、サルマを利用しようとするドイツ政府の思惑《おもわく》が働いていたからである。サルマは、ドイツ政府差し回しの軍艦でザンジバル入りし、イギリスとの関係に見切りをつけてドイツと協定を結ぶようバルガッシュ王に働きかける使命を負わされていたのである。これは危険な賭《かけ》であった。賭は裏目《うらめ》に出て、サルマの状況はさらに悪化した。

サルマの後半生は、いってみれば西欧列強による東アフリカ分割の駆け引きに翻弄《ほんろう》され、その犠牲になったかのようにみえる。それは不運としかいいようのない、哀しい人生である。しかし、別な見方をすると、サルマの生涯は、それなりの輝きを放っている。

イスラームの厳しい戒律《かいりつ》に背《そむ》き、異教徒と駆け落ちし、そしてキリスト教徒に改宗した女性。このような大それた行為を、サルマは少しも恐れなかっただけではない。むしろ、愛する者へのひたむきな献身《けんしん》のゆえに、彼女は王宮を捨て、すすんで困難を選びとっている。そこには、「個」としての目覚《めざ》めがある。そして、それは、彼女の度重《たびかさ》なる相続権の回復請求にも、はっきりみてとれる。

彼女は、そのことを少しも悪《わる》びれることなく、むしろ権利の正当な行使として堂々とおこなっているのである。このような強さは、どこからきたのであろうか。わたしは、その背景に、彼女の生きたウスタアラブという一つの時代を想定しないわけにはいかない。

サルマは、ウスタアラブが産み落とした時代の子だったといえるだろう。

2　スワヒリ社会の経済構造

貿易構造

サイード王の支配は、軍事力にではなく、徹底して商人的経済原理にもとづいていた。ここでは、できるだけ簡潔に、ザンジバルを中心とした貿易構造を俯瞰《ふかん》しておくことにする。

イギリスの領事報告（一八五九年）によれば、ザンジバルの輸出品の第一位は大陸部からもたらされる象牙であった。総輸出額に占めるその割合は、四十パーセントに達している。象牙に続いて、クローヴ、宝貝《たからがい》、コーパル（ワニスの原料となる熱帯産の化石樹脂《かせきじゅし》）が並んでいるが、いずれも、総輸出額に占める割合は十五パーセントを越えない。

一方、輸入品の第一位は綿製品である。総輸入額に占める割合は、六十パーセント。それに続く、ビーズ、メタルワイヤ、銃・弾薬などの輸入品は、すべて六パーセント以下となっている。

市場《しじょう》について見ると、英領インドの比重が際立《きわだ》っている。ザンジバル貿易に占めるその比率は、輸出・輸入ともに三十パーセントにのぼる。その次に取引額の大きい国はアメリカ合衆国であり、フランス、ドイツ、西部アフリカ、アラビア半島がそれに続く。

ザンジバルに輸入された商品、たとえば綿製品やビーズの販路《はんろ》をさぐってみると、それらはキャラバンによって内陸部に運ばれ、そこで象牙や奴隷と交換されている。

以上のように、イギリス領事の報告書は、多くの商品がザンジバル島を中継地として流通していたことを示している。要するに、ザンジバル経済は、交易の中継地としての繁栄を享受《きょうじゅ》していたということになる。ここに、サイード王が関税政策に力を入れた理由がある。

関税政策

サイード王の関税政策は、すでに王がマスカトで実施していた方式をザンジバルに導入したものである。それは、五年という期限付きで関税の徴収を商人に請け負わせる制度であった。

請負金《うけおいきん》の額は、一八三七年には十五万ドル（マリーア・テレージア・ドル。十八－十九世紀に中東アフリカ地域で広く流通したオーストリア銀貨。四・七五ドル＝一ポンドに相当）、それが一八五六年には、二十二万ドルに引き上げられている。資料によれば、この額は、王室の年間収入の七割以上を占めていた。

請負人の決定には、入札《にゅうさつ》制がとられた。ふたりのインド人商人が初めての入札で争ったと伝えられている。ともにインド北西部のカッチ藩王国《はんおうこく》出身の商人であった。

こうした関税制度に関連して、サイード王が手がけた関税徴集機構の制度的運用面にもふれておくことにする。

まず、大陸部についてみると、「ムリマ独占」と「産地別課税」というふたつの政策が軸《じく》になっている。

東アフリカの関税システム（1840年代）

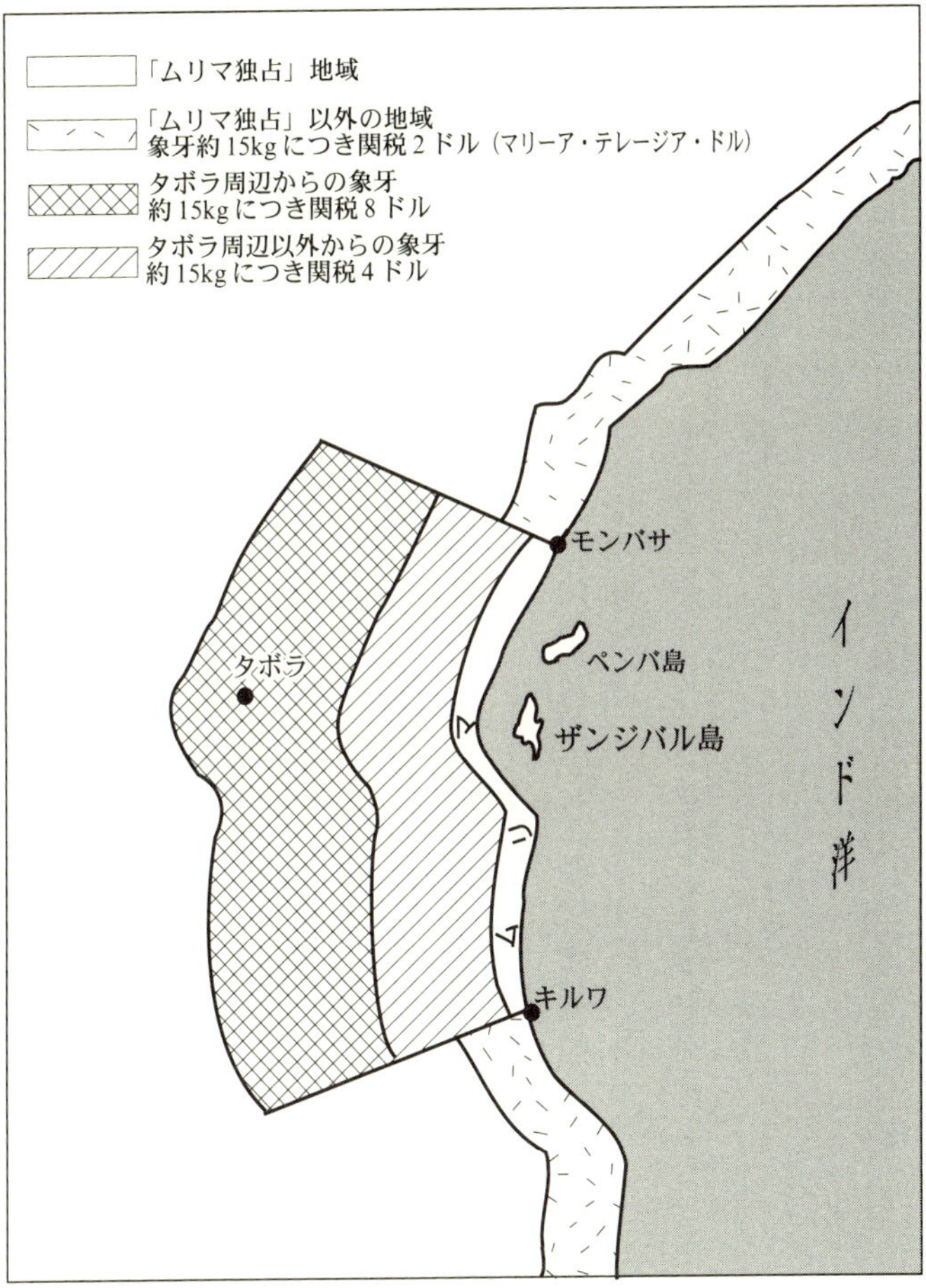

(出典) Sheriff, *Slaves, Spices & Ivory in Zanzibar*, p.122.

「ムリマ」とは、現在のタンザニア沿岸部一帯を指すスワヒリ語である。島嶼《とうしょ》部はこれに入らない。サイード王は、ムリマにおいて欧米の商人が象牙とコーパルの取引に従事することを禁止した。これが、「ムリマ独占」である。目的は、はっきりしている。欧米の商人を大陸部の港から排除し、それによって象牙とコーパルという重要商品をザンジバル島に集積し、輸入関税を確保することにあった。

産地別課税は、その名のとおり象牙とコーパルに対し、産地別に関税を課す方法である。産出量の多い地域の商品ほど、税額が高くなる仕組みになっていた。

一方、インド洋を経てザンジバル島にもたらされる商品への関税額は、欧米諸国との通商条約（カピチュレーション）にもとづき、輸入関税を一率五パーセントに引き下げると同時に、従来の輸出税を廃止した。最初に、この条約を締結《ていけつ》したのはアメリカ、そして、イギリス、フランスがそれに続いた。サイード王の関税政策は、このような仕方で、その実効性《じっこうせい》を証明してゆく。要するに、王は、大陸部における欧米人の商取引を禁止し、特定のアフリカ産品に高い関税を課す一方、インド洋貿易の商品に関しては、輸入関税の引下げと輸出関税の廃止によって外国人商人の誘致《ゆうち》をはかったのである。この結果は、関税徴収請負額の急激な増加に反映している。

サイード王の関税政策は、かくしてインド洋西域に拡散していた商業ネットワークをザンジバル島中心のネットワークに再編し、それによって貿易の利潤《りじゅん》を効果的に吸収する装置として機能した。王が、オマーンの王都マスカトの他になぜザンジバルに王都を建設したのか、その理由が、ここにきてはっきりみえてくる。

いまや、「ザンジバルの笛」の舞台装置は完成した。あとは、この舞台に登場する役者の出番を待つばかりである。

1846年頃のストーンタウン

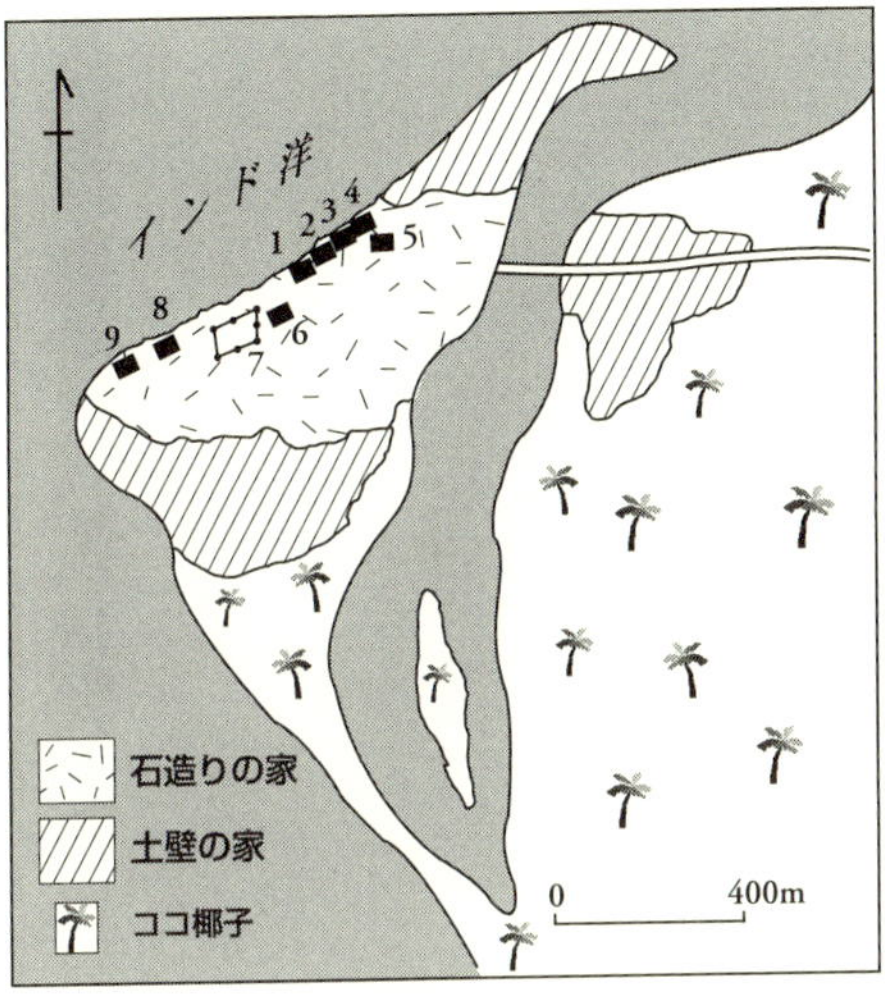

1　サイード王の宮殿
2・3　宮殿付属の建物
4　サイード王の王子マジドの館
5　フランス領事館
6　王宮
7　アラブ砦(ゲレザ)
8　イギリス領事館
9　アメリカ領事館

(出典)Sheriff, *Slaves, Spices & Ivory in Zanzibar*, p.120より作成。

主役は、もちろんサイード王自身である。しかし、王ひとりが主役なのではない。ある意味では、サイード王をとりまくさまざまな民衆がこの舞台の主役であった。その中には、たとえば、ジェイラム・シヴジのようなインド人商人もいれば、ティップ・ティプのようなアラブ系のスワヒリ商人もいた。ミランボのような内陸部のアフリカ人商人にも登場してもらわねばならない。

彼らは、サイード王の支配下で広まったイスラームの革新的価値観の中で、従来の民族の壁や血縁的絆《きずな》を打ち破り、社会的身分の垣根を越えた新しい社会に向かって突進しようとしていた。それが、スワヒリ世界の新たな統合原理となった。こうしたイスラームの普遍的価値観が、伝統と慣習に縛られていた民衆から活力をひきだす根源となったことを無視することはできないだろう。

ウスタアラブの世界を担ったこうした役者たちを、どのように描き出すか。まず、サイード王の肖像を素描《そびょう》することからはじめることにしよう。

3　商人たちの群像《ぐんぞう》

商人王サイード

後世の歴史家は、スワヒリ世界にウスタアラブをもたらしたサイード王に、マーチャント・プリンス（商人王）の異名《いみょう》を与えている。なぜ、そのような異名を与えたのか。その理由は、オマーンが、インド洋貿易にどのような仕方で割り込み、次第に力を蓄え、やがて覇権《はけん》を確立するにいたったか、その経緯をつぶさにふりかえってみれば納得がゆく。ここでは、サイード王の個人的な商才に光をあて、王が、どのような仕方で王室の財政的基盤を築こうとしたかをみておくことにする。

アメリカ領事の描いたサイード王（1791－1856）の肖像
©Zanzibar National Archives

王室の財源は、王自身の商業活動による収益と関税徴収請負人が支払う請負金との二つに大きく分けることができる。この他に、ザンジバル島民からの人頭税収入があるが、その額は多い時でも歳入の五パーセント程度にすぎないので、ここではふれない。

サイード王のザンジバル滞在期間

1802年	初めてザンジバルを訪問（11歳）
1828年 1月－28年4月	第1回モンバサ遠征時
1829年12月－30年5月	第2回モンバサ遠征時
1831年12月－32年9月	
1833年11月－35年春	第3回モンバサ遠征時
1837年初頭－39年4月	
1840年12月－51年4月	最長のザンジバル滞在
1852年12月－54年4月	
1856年10月19日	ザンジバルへの航海途上で没

（出典）Bhacker, *Trade and Empire in Muscat and Zanzibar*, p. 93.

はじめに、サイード王がみずから手がけた商業活動についていえば、それには、内陸へのキャラバンの派遣と、欧米諸国との貿易活動が含まれる。史料によると、王自身による内陸へのキャラバン派遣は年一回、欧米諸国との貿易も二、三年に一度程度であり、頻度《ひんど》はきわめて少ない。しかし、他の商人が組織するキャラバンへの出資や、ザンジバル島にやってくる欧米商人との取引は、より頻繁《ひんぱん》に行っている。

王のあつかった商品は、キャラバンが内陸からもたらす象牙のほか、王自身の農園で収穫したクローヴや砂糖、あるいはアラビア半島からの輸入品であるコーヒーなどである。一方、欧米諸国からは、銃・弾薬、ビーズ、綿布、時計、鏡などを輸入した。

ところで、多少意外な感じもするが、商人王サイードに対する欧米の商人の評価を見てみると、彼らは、サイード王の商法を必ずしも歓迎していたわけではない。たとえば、以下に引用する一八四七年のアメリカ領事報告にみられるように、彼らは、むしろ危機感さえ抱いていた。

「……ザンジバル在住のアメリカ商人から連名で一通の手紙を受け取った。それによると、彼らは、サイード王がアメリカに貿易船を派遣しようとしていることに対し、きわめて強い危機感をいだいている。もし王がアメリカから大量の商品を輸入すれば、ザンジバル市場はストック過《か》剰《じょう》となり、他の商人の品物は売れないか、売れたとしても原価割れを起こしてしまうからである。

……王は、過去数年間、大量の瀬戸物《せともの》とビーズを輸入したが、イギリスの商人もこれには参《まい》っている。もし、王がアメリカと直接取引するなら、東アフリカで最も需要《じゅよう》の高い綿布貿易に介入することは目にみえている。王は自分の農園でクローヴや砂糖を生産しており、これらはザンジバルでは売りさばけない。これを輸出するとすれば、同時にコーパルや獣皮《じゅうひ》などもあつかうであろう。そうすると、他の商人との競合《きょうごう》は避けられない……。王は免税特権を持っているので、他の商人は太刀《たち》打ちできないだろう。」(ベネット他『NEMA』、三八四頁)

アメリカやイギリスの商人の当惑《とうわく》ぶりが、眼に見えるようである。こうした事態を打開するため、アメリカの領事は、ひとつの賭《か》けに打ってでた。もし王がアメリカとの象牙やコーパルの取引にこれ以上介入するなら、直接ムリマで商取引を行うとの通告を王につきつけたのである。実は、アメリカとの通商条約には、この「ムリマ独占」条項が、入っていなかった。領事は、条約の盲点《もうてん》をついたのだ。結局王は、一八五二年のイギリスとの取引を最後に、対欧米貿易から手をひくことになる。

さて、内陸交易の方はどうであったか。同時代人の記録によれば、サイード王は、毎年百人規模のキャラバンを派遣している。しかし、そのうち無事に帰還を果たすのは、通常二十人か三十人にすぎなかったという。一回のキャラバンが、巨額の富をもたらすかどうかは、ほとんど賭けに等しかったのである。

このように見てくると、商人王サイードの商業活動が、どれほど王室の財源を潤《うるお》していたかはすこぶる疑わしくなってくる。史料を調べてみると、実際、一八五〇年代以降の王の収益は、低落《ていらく》傾向をたどっている。インド人徴税官《ちょうぜいかん》の請負金への依存度が急激に上昇したのは、その結果であろう。たとえば、一八五六年に七割であったその依存度は、一八六〇年以降は九割を越えた。

こうした中で、商人王の財政基盤にかげりが見えてくるのだが、しかし、いかにふところ具合が火の車でも、王が王たる権威を維持するためには「祝祭の大盤《おおばん》ぶるまい」を中止するわけにはいかない。その苦肉の策が、インド人商人からの借金であった。

その他にも、サイード王は一八五一年、インド人商人から借金をして、五万ドルの戦費をマスカトに送金している。こうした借金は年々増加し、その累積《るいせき》額は、請負金によっても埋め合わせのつかない額に達した。サイード王の没後、その額はますます増え続け、一八七五年には五十万ドルを越えている。五十万ドルといえば、二年分の関税徴集請負金に相当する。ここにいたって、オマーン王家の財政は、インド人商人に握られ、そのコントロールのもとに入ったといっても過言ではないだろう。こうしたインド人商人の中に、請負人として絶大な経済力を手中にしたシヴジ一族がいたのである。

一八〇四年に即位し、アラビア半島のオマーン領と東アフリカ領の盟主《めいしゅ》であったサイード王は、一八五六年、オマーンからザンジバル島へ向かう海上で病を得てこの世を去った。ただちに、王位をめぐる争いがはじまり、その収拾を委《ゆだ》ねられたイギリスは、マスカトとザンジバルそれぞれに王を即位させたのである。以後、東アフリカ領の盟主は、「ザンジバル王」を称することになる。

インド人豪商シヴジ一族の台頭

ヒンドゥー商人シヴジ一族の出身地は、インド北西部カッチの港町ムンドゥラーである。カッチの貿易は、十九世紀にはいって最盛期を迎え、九つの港町が開かれた。そのひとつが、ムンドゥラーである。ムンドゥラー港の繁栄は、カッチや隣接地域で生産される多種多様な綿布に支えられていた。その綿布と引き換えに東アフリカから輸入された商品が象牙やクローヴ（丁子）、そして奴隷である。シヴジ一族が、この港町でどのような暮らしをしていたのかは定かでない。伝えられているのは、ザンジバルにわたった先祖のひとりが、象牙の取引によって一攫千金《いっかくせんきん》を手にしたという話である。

この話に興味をそそられたわたしは、一九八六年の夏、ザンジバルへの乗り継ぎ地ボンベイ（ムンバイ）から足をのばして、ムンドゥラーの港町へと向かった。ボンベイから飛行機で約一時間。着いたのは、ところどころに灌木が茂るブージ近郊の飛行場であった。そこから、さらにバスに乗り、荒《こう》涼《りょう》とした風景の中を二時間走る。その風景の途切れたところに、港町ムンドゥラーはあった。

ムンドゥラーの町に一歩足を踏み入れて、わたしは驚いた。いたるところにザンジバルのインド人居住区の面影《おもかげ》があるではないか。ストーン・タウンのあのざわめき、インド人特有の家の造り、カレーの匂い、カラフルな衣装の色。

中学校の教師をしているというシヴジ一族の末裔《まつえい》に会った。彼はムンドゥラーの百年前の賑《にぎ》わいを語りながら、わたしを一族の屋敷に案内してくれた。それは、閑静《かんせい》な住宅街の一角にあった。二階建ての大邸宅である。今は住む人もなく、心なしか淋しげなたたずまいを見せている。

装飾のほどこされた太い石柱、長い回廊。回廊に沿っていくつもの部屋が並んでいる。私設のヒンドゥー寺院もある。二階にはザンジバル王から贈られたという鏡が飾られた広間があった。壁には、シヴジ家歴代の当主の肖像画が並んでいる。初代トーパン、次がその弟、次はトーパンの息子のシヴジ、シヴジの息子のジェイラム……。

説明を聞きながらわたしは考える。彼らは、果たして「移民」だったのだろうか。ザンジバルに商館を構え、支配人を置き、自分自身は、広いインド洋を季節風に乗ってゆうゆうと往来《おうらい》する。稼《かせ》いだ富は、故郷へと送金される。そのようなシヴジ一族の生き方を「移民」と呼べるのだろうか。それとも「出稼ぎ」なのだろうか。答えを探しあぐねていたわたしの耳に、突然、スワヒリ語が飛び込んできた。

驚いて振り向くと、サリーを着た老婦人が立っている。この屋敷の管理人だという。彼女は、ザン

ムンドゥラーのジュイラム・シヴジの屋敷
（1986年撮影）

ムンドゥラーの港の西方20～30キロの地点にマーンドゥヴィー港があり、ここからも東アフリカやオマーンに多くの商人が移住している。

ジバルで暮らしていたことがあり、スワヒリ語を覚えていたのだ。話を聞きながら、わたしはスワヒリ社会における「女性」の存在に思いをめぐらした。

話を先にすすめよう。一族の財を築いたのは、シヴジ・トーパンとその後を継いだジェイラムである。シヴジについては、残念ながら記録がない。ジェイラムは、一八四〇年代末までに沿岸部の主な港の関税徴収請負権を手中におさめ、スワヒリ世界における財界の第一人者にのしあがったことが知られている。

ザンジバルで刊行されていたインド系新聞の記事によれば、当時、ストーン・タウンの住民は、ジェイラムの屋敷を「首相官邸（ニュンバ・セリカリ）」と呼んでいたという。その背景には、祭日ともなるとサイード王を主賓《しゅひん》として屋敷に迎え、ザンジバル中の主だった商人を招いて盛大な祝宴を催したジェイラムの経済力があった。

関税徴収請負人シヴジ一族の出世物語は、以上のとおりだが、彼らが、いかにして財をなし、勢力を拡張したのか。それをもう少し突っ込んで理解するには、商取引にからんだイスラーム独特の代理人制度について知っておく必要があるだろう。それは、イスラーム世界で「ワカーラ」と呼ばれている制度である。イスラーム中世に各地にひろがり、取引のかなめとして大きな役割を果たしてきた。

手もとの『イスラム事典』によれば、ワカーラとは「ある特定の事柄や品物について、権限を委任する人と委任される人が、両者の了解のもとに代理権の契約を結ぶことを指す」とある。権限を委任された人は、港の監督や関税徴収のほか、商品や資本の管理、取引の仲介など、さまざまな分野において、代理人としての権限を行使した。

サイード王が採用した関税徴収請負制度も、実は、この代理人制度の延長上にあった。請負人に与えられた絶大な権限は、代理人が持つ権限だったのだ。しかし、この制度は、あくまでも、イスラーム的慣行である。したがって、インド人のヒンドゥー商人が代理人を引き受けることは、例外的なケースだったというべきだろう。おそらく、オマーンを除いて、このザンジバル以外にはなかったのではないか。そこには、イスラーム的慣行からの多少の逸脱《いつだつ》もあったにちがいない。しかし、見方を変えれば、オマーン王が、送金方法や経理能力に長《た》けたインド人を重用《ちょうよう》することをとおしてヒンドゥー社会との相互依存関係を築きあげたことの中に、インド洋世界がまさにインド洋で結ばれたひとつの世界であったことを示す証《あかし》を見ることができるように、わたしには思われる。

一方、欧米の商人の目には、このイスラーム的ワカーラ商法はまことに不可解なものとして映《うつ》ったようである。

アメリカ領事から本国政府に宛てられた一八四二年の報告書に、次のような記述がある。

「この地の取引のやり方は実に独特です。ジェイラムという名のインド人の関税徴収官がその地位ゆえに現地の商人にたいして絶大な権力をふるっているのです。ここで取引を行おうとする者は、まずジェイラムに申告しなければなりません。ジェイラムは現地の商人を集め、どのような商品が取引可能かを調べ上げ、同時に取引相手を決めてゆくのです。それに異議を申し立てることは不可能です。拒否しようものなら、市場から追放され、商売ができなくなるのです。」

（ベネット他『NEMA』、二四〇頁）

ここには、絶大な権限をふるう代理人への不満が鬱積《うっせき》している。思いがけない手数料や運送料を請求されたアメリカの商人は、その度《たび》にサイード王に書簡《しょかん》や口頭で不満と苦情を申し立てている。

歴史家ジョン・グレイも、著書『ザンジバル史』の中で、この代理人制度の功罪《こうざい》、とくにその不合理と思われる点について次のように指摘する。

「この制度には重大な欠陥があった。徴税人が同時に商人だったことである。たとえば、ジェイラム・シヴジはボンベイやカッチ、あるいはザンジバルや東アフリカに莫大《ばくだい》な投資をしており、こうした個人的な利害が王の代理人としての義務と対立した時、王がジェイラムに譲歩せざるを得ない状況が生じたとしても驚くにはあたらなかった。イギリス領事の報告書には、買収《ばいしゅう》・情実《じょうじつ》に関する不平や苦情がいたるところに見られる。」　（グレイ『ザンジバル史』、一四四頁）

いずれにせよ、ザンジバルのインド人社会は、この代理人制度を足掛《あしがか》りとして、次第にその規模を拡大していった。一八三六年に二百人足らずだったザンジバル在住のインド人の数は、一八七〇年代には二千四百人に、十九世紀末には八千人を越えた。その中には、菜食主義者のヒンドゥー商人だけでなく、イスマイリアやイスナーシェリ（十二イマーム派）やボーホラーといったシーア派のムスリム商人も含まれる。またこうした商人層のインド人を支えるために、床屋や靴職人や洗濯屋や大工といった職人層のインド人も次々移住してきている。

ところで、インド人社会の最大の悩みは、女性が極端に少ないことであった。一八七〇年のイギリス外交文書によると、ザンジバルに住むヒンドゥー教徒の男性は、全員が独身男性かいわゆる単身赴《ふ》任《にん》者であったという。

いったいなぜ、ヒンドゥー女性は、ザンジバルにやって来なかったのか。理由はいろいろあっただろう。宗教上の問題、交通の問題、子育ての問題、食べ物の問題、治安の問題などなど。

このことに関連して、ザンジバルに次のような話が残っている。一八七〇年代の話である。ザンジバル王がヒンドゥー教徒の女性のために、専用の水道を屋内《おくない》に特設したというのである。それも、銀製の極上《ごくじょう》の蛇口《じゃぐち》であった。

記録によると、ヒンドゥー女性が、はじめてインド洋を越えてザンジバルの地を踏んだのは一八八〇年のことである。感激したザンジバル王が、この勇気ある女性に、多額の褒賞金《ほうしょうきん》を贈ったという話も伝えられている。

ジェイラム・シヴジの没年は一八六六年。しかしシヴジ一族の関税徴収請負人としての特権は継承され、一族の栄華は、ザンジバルの支配権がイギリスに移るまで続くことになる。

アメリカ商人の登場

ザンジバルを舞台に活躍する商人群像に、アメリカ商人が加わることはすでにふれた。しかし、アメリカといえば、喜望峰《きぼうほう》をまわり、大西洋を越えたはるか彼方の、途方もなく遠い大陸である。その大陸から、どのような経緯《けいい》で商人たちがザンジバルにやってくるようになったのか。

はじめてザンジバル島にやってきたアメリカ船は、食料補給のために寄港した捕鯨船《ほげいせん》であったことが記録に残っている。十八世紀、すでにアメリカの捕鯨船はインド洋での操業を開始していたのだ。そして、商業を目的とした船が来航するようになるのが十九世紀初頭。主としてニュー・イングランドからの商船であった。その数は次第に増し、ストーン・タウンがインド洋貿易の中継地として脚光《きゃっこう》を浴びだした頃には、オマーンとの通商条約を望む声まであがるようになる。

このようにして、一八三三年、サイード王とアメリカ合衆国との間に条約（カピチュレーション）が締結《ていけつ》される。これによって、アメリカの商人は、オマーンとザンジバルにおける生命と財産の安全の他に、治外法権という特権をも手に入れることになった。

アメリカ商人の登場は、これまでのザンジバル商業をさらに大きく展開させる契機となる。彼らは、東アフリカ市場で絶大な人気を博することになる無漂白《むひょうはく》のアメリカ綿をたずさえてやってきたからである。この無漂白のアメリカ綿は、東アフリカで「メリカニ」と呼ばれ、丈夫で長持ちする点でインド綿やイギリス綿に勝《まさ》っていた。それは、またたくまに内陸部の長距離交易に欠かせない人気商品となってゆく。時は一八三〇年代。たまたま、この時期、インド北西部一帯を飢饉《ききん》が襲い、ザンジバル・インド間の貿易が停滞していた。このことが「メリカニ」のザンジバル市場への参入をさらに容易にした。

「メリカニ」と引き替えにアメリカ商人がザンジバル市場で眼をつけたのは、象牙とコーパルであった。象牙はコネティカット州の櫛《くし》製造工場に送られ、コーパルはマサチューセッツ州のワニス精製工場が大量に買いつけた。

象牙とコーパルへの需要の急増は、ザンジバル島と沿岸部一帯における仲買人の活動の場を一挙に拡げた。それが、一旗あげようとするインド人を、さらにザンジバル島に引き寄せた。

ところが、無一文《むいちもん》でインドからやってきた多くの仲買人には、アメリカ船の入港にあわせて商品を整えておく資金がなかった。このことから、やがて予想もしない事態が発生することになる。つまり、アメリカの商人たちは、積荷《つみに》を入手するまで何か月もザンジバルで足止めをくうことになったからである。これは、時間と経費の浪費だ。こうした無駄を省くために導入されたのが、信用《クレジット》制度である。仲買人は、ビーズや綿布といったクレジットを元手にアメリカ商船の入港に合わせて、商品を買いつけておく、というわけである。アメリカの商人は、こうした担保《たんぽ》なしの前貸し制度を導入することによって、貿易の合理化を図ったのである。

ザンジバルの貿易は、こうした無担保信用の導入によって一挙に活気づく。内陸部へ向かうキャラバンの数も増え、それが、新たな商人資本の蓄積に道を拓《ひら》いた。こうした動きが、関税徴収請負人に大きな利益をもたらしたことは疑いない。なぜなら、新興商人層の出現は、新たな関税納入者の出現とひとつになっていたからである。

このように見てくると、アメリカの商人がもたらした果実《かじつ》を摘《つ》みとったのは、実は、徴税請負人であり、それはシヴジ一族であった、ということになるのだが、しかし、彼らだけが、それを独占していたわけではない。

というのは、こうしたインド人商人から大きな資本を引き出し、それを内陸部の長距離交易に活用し、大規模なキャラバンを組織したアラブ系スワヒリ商人やアフリカ内陸部の商人たちが、ザンジバルと内陸部とを結ぶ流通網の重要な要《かなめ》として、その分け前にあずかっていたからである。

「スワヒリ商人」ティップ・ティプ

ティップ・ティプは、一八三〇年頃、ザンジバルのストーン・タウンに近い農村部で生まれた。正式の名はハメド・ビン・ムハンマド・アル＝ムルジェビ。その名の示すとおりイスラーム教徒であった。ティップ・ティプというのはあだ名である。

イギリス生まれの著名な探検家スタンリーは、著書『暗黒大陸横断』のなかで、ティップ・ティプと出会った時の印象を次のように述べている。

「背の高い男であった。あごひげをたくわえ、ネグロイド系の膚《はだ》の色をしている。まさに、疲れを知らない精悍《せいかん》そのものといった感じで、頭の回転は早く、人柄は誠実。いつも神経質にまばたきをしていたが、容貌は知的で、笑うと真っ白い歯がみえた。」

（スタンリー『暗黒大陸横断』二巻、七四頁）

ティップ・ティプの祖先は、アラビア半島から移住してきたアラブ人である。しかし、スタンリーが指摘しているように、ティップ・ティプの血にはネグロイド、つまりアフリカ系の血が混じっていた。実際、父方の曾祖母《そうそぼ》に、アフリカ人女性がいたことが伝えられている。スワヒリ社会には、ティップ・ティプのようなアフリカ人とアラブ人との混血が多い。客観的に見れば、こうした混血こそが、典型的な「スワヒリ人」ということになるだろう。しかし、彼ら自身が、自分を何人と称するか、それはまた別の次元の話なのだ。

一般的にいって、自分を「スワヒリ人」と称する人は、スワヒリ社会には少ない。その背景には、きわめて複雑な歴史的経緯が関係しているが、これについては後にふれる。ティップ・ティプの場合、父系原理の優先するイスラーム法の原則にしたがい、膚《はだ》の色とは無関係に「アラブ人」と称し、アラブ人であることを自負《じふ》していたようである。

ティップ・ティプの生涯については、スワヒリ語で書かれた伝記や、未公刊の家族誌が残っている。さらに、こうした史料をもとにして再構成された波瀾万丈《はらんばんじょう》のティップ・ティプ伝もある。これらの史料は、ティップ・ティプが、単なる奴隷商人ではなく、この時代を代表する知略《ちりゃく》に長《た》けた政商であったことを物語っている。このことは、以下に述べるバルガッシュ王との関係をみれば、明らかである。ここでは、彼のそうしたライフ・ヒストリーをかいつまんで紹介しておこう。

「ヒスワリ商人」ティップ・ティプ
©Zanzibar National Archives

ティップ・ティプは、富裕《ふゆう》な奴隷商人であった父親のもとで育った。父親に連れられて奴隷市場を訪れたことが、ティップ・ティプの人生を決定した。ティップ・ティプの記憶に、その時のことが鮮明に焼きついている。

長途《ちょうと》の旅からザンジバルに戻った父親は、休む間もなく象牙や奴隷を売りさばく仕事にとりかかった。象牙はインド人の仲買商にひきとられ、奴隷は市場《いちば》で競売《きょうばい》にかけられた。市場は、ダウ船の船長や地元の農園主に加えて、見物にやってきた黒山のような人でごったがえしていた。このとき競売にかけられた奴隷は、六百人ほどだった。

父親は、注意深く奴隷を仕分《しわ》けしていった。年齢、性別、健康状態に応じてランクづけしてゆくのだ。ただし、子供を母親から離すことだけはしなかった。泣き声を聞くのがたまらなかったからだ。しかし、夫婦の奴隷はかならず別々にした。いっしょだとめんどうをおこし、値《ね》が下がるからである。若くてきれいな女奴隷と少年奴隷は、特別に選《え》り分けられた。若い女は妻妾《さいしょう》として、少年は去勢《きょせい》して宦官《かんがん》にすると高い値で売れるのだ。仕分けが終わると、売値がつけられた。買手は、地元の小売業者が多かった。

ティップ・ティプが、父親から商人としてのてほどきを受け、独立したのは、二十歳を過ぎた頃であった。それから十五年……。この間に、ティップ・ティプは、インド人商人から資本を引き出し、その資本でビーズや綿布などを仕入れ、沿岸部でポーターを手配する、といった長距離交易に必要な知識、情報を習得し、父親の人脈をたよりに、ついに数百名規模の隊商を組織できる大商人にのしあがっていく。奴隷商人ティップ・ティプの誕生であった。

ティップ・ティプがはじめて自分のキャラバンを組織したのは、一八六〇年代。目的地は、現在のザンビア北部であった。彼は、敵対する現地の首長と戦ってこれを敗《やぶ》り、象牙を略奪するといった強引な仕方で最初の富を手にしている。

彼がイギリスの探検家であり宣教師でもあったリヴィングストンと出会ったのは、このキャラバン途上でのことであった。その時のことをティップ・ティプは、自伝の中で、次のように回想している。

「(その男は) 大柄なイギリス人で、名をリヴィングストンといった。大きなノートを片時も離さず、わけのわからぬ質問を連発し、やたらに測量《そくりょう》ばかりをしていた。……彼は、荷物をなくし、食糧もきらして困り果て、ガイドを求めてわれわれのもとにやってきたのである。」

(ティップ・ティプ『自伝』、二九頁)

ティップ・ティプは、リヴィングストンを助け、可能なかぎりの援助を惜しまなかった。奴隷制反対運動の旗手《きしゅ》であったリヴィングストンが、奴隷商人に助けられているのだ。なんとも皮肉《ひにく》なめぐり合わせという他ない。

一八七〇年以降、ティップ・ティプは、長距離交易路の要所要所に拠点を築き、土地の首長との間に主従関係をとり結びながら、しだいに支配圏を拡大し、ついにタンガニーカ湖の西南部一帯(現在のコンゴ民主共和国東南部)を勢力圏として確保する。この時点で、ティップ・ティプは、もはや一介《いっかい》の奴隷商人である以上に、広域経済圏の支配者となったといえるだろう。それにともない、部下の統制や、交易路の安全確保のための外交折衝《せっしょう》など、行政・軍事にわたる仕事量は増大し、ティップ・ティプは、内陸部の拠点に常駐《じょうちゅう》する日々が続く。

ティップ・ティプが十二年ぶりに沿岸部にもどったのは、一八八二年のことである。彼は、そのとき初めて、スワヒリ世界をとり巻く環境が大きく様変《さまがわ》りしたことを知った。とりわけ、奴隷貿易が禁止となり、予想もしない事態が進行しつつあることに愕然《がくぜん》とする。しかし、密売ルートがひそかに確保されていることも知り、ひとまず胸をなでおろす。一八七二年のハリケーンによって壊滅《かいめつ》状態に陥ったクローヴ農園再建のため、奴隷労働力が必要とされていたからである。

一方、ストーン・タウンの王宮では、バルガッシュ王がティップ・ティプの帰りを、今や遅しと待ち構えていた。王は、ヨーロッパ人の探検家や宣教師がしきりに沿岸部に出没し、内陸の様子に探《さぐ》りを入れていることに神経をとがらせていたのだ。

西欧諸国によるアフリカ分割が、まさに始まろうとしていた。バルガッシュ王は、こうした西欧諸国の手先となって暗躍《あんやく》する探検家や商人を抑《おさ》え、その内陸部への進出を食い止めることのできる人物として、ティップ・ティプに白羽《しらは》の矢をたてたのである。

バルガッシュ王は、ただちにティップ・ティプを召喚《しょうかん》し、ポーターや銃・弾薬を与え、内陸へと派遣する。しかし、時すでに遅く、ティップ・ティプの交易圏はベルギー王の支配下に組み込まれ、タンガニーカ湖東部一帯も、ドイツの植民会社の手に渡ろうとしていた。

ティップ・ティプは、なす術《すべ》もなく、一八八六年、ザンジバルに舞い戻る。そのティップ・ティプを待っていたのは、バルガッシュ王ではなく「旧友」スタンリーだった。王は、もはや戦意を喪失《そうしつ》し、イギリス政府の傀儡《かいらい》になり果ててしまっていた。

スタンリーは、エジプト領スーダンでマフディー軍に包囲され、孤立無援の状況に陥《おちい》っているドイツ人総督《そうとく》（エミン・パシャ）救出作戦への協力をティップ・ティプに依頼する。この作戦への協力の代償として、スタンリーは、ベルギー王の私領《しりょう》「コンゴ自由国」の東部地域（もともとはティップ・ティプの勢力圏であった）の総督の地位をティップ・ティプに約束する。彼は、それをベルギー王からとりつけティップ・ティプに保証したのである。ティップ・ティプの心は動く。彼は、スタンリーに同行し、ケープタウン経由でコンゴ川の河口《かこう》に向かい、そこから内陸へと出発する。

このときを境《さかい》に、ティップ・ティプの人生は一変する。それは、奴隷商人の立場から、奴隷貿易を監視《かんし》し、それを取り締まる側への転換であった。この転換は、しかし、ティップ・ティプ晩年の一世一代の大きな賭《か》けであった。なぜなら、奴隷商人のほとんどは、彼の子飼《こが》いの部下だったからである。彼らは、時代を見抜くティップ・ティプの鋭い眼力を理解せず、ただその転換に驚き、そしてあきれ、最後は、白人の傀儡《かいらい》になり果てたティップ・ティプを軽蔑《けいべつ》し、いっせいに彼から離れていった。ティップ・ティプは、アラブ商人によって捨てられたのだ。

しかし、歴史は冷酷《れいこく》だ。このとき、彼の忠告に耳を貸さず、彼を見捨てたアラブ商人たちは、やがて、ベルギー王の軍隊との戦闘に敗れ、悲惨《ひさん》な末路《まつろ》をたどることになったからである。その中にいたティップ・ティプの息子も、彼らと運命を同じくし、歴史から抹殺《まっさつ》されていく。

一八九〇年、生まれ故郷のザンジバル島にもどったティップ・ティプは、その後一度も内陸部に足を踏み入れることなく、一九〇五年、マラリアにかかって病死する。

ティップ・ティプの生涯をとおして、大きく浮かびあがる事実が三つある。

第一は、彼が、十九世紀末の激動の時代に活躍したザンジバル出身の交易商人のひとりであり、ウスタアラブの経済を支えた代表的なアラブ系スワヒリ商人であったこと。

第二に、交易のルートを、ザンジバルから沿岸部へ、そして沿岸部からタンガニーカ湖を越え、さらに内陸の深部《しんぶ》へむかって拡大し、ウスタアラブをコンゴ川上流域一帯にまでおよぼした商人であること。現在、コンゴ民主共和国の東部一帯で、スワヒリ語が使われるようになった背景には、このティップ・ティプの活躍があったことを見逃すことはできない。

第三に、彼の手にした莫大な富の多くは、奴隷貿易によってもたらされたものであるが、彼はこの奴隷貿易を、イスラーム商人の当然の権利、言い換えると、イスラーム法にかなう正当な商行為とみなしていたこと。これは、ウスタアラブが内にはらむ大きな矛盾《むじゅん》であった。なぜなら、奴隷貿易の存続のためには、非イスラーム（多神教）世界の温存がはかられねばならない一方、一元的な文明世界の実現をめざすイスラームの理念は、そうした非イスラーム世界のイスラーム化をこそ目的としていたからである。

ウスタラブは、スワヒリ社会内における正統イスラーム対辺境イスラーム（未開）の思考法を乗り越えつつ、一方において、イスラーム対非イスラーム（野蛮）の二項対立的思考法を払拭《ふっしょく》できない矛盾を内部に抱えこんでいたということになる。この矛盾が、やがて、奴隷制禁止をめぐる西欧列強の国際世論と衝突し、大きく傷口《きずぐち》をひろげ、ウスタアラブを内側から揺さぶることになるのだ。

奴隷商人ティップ・ティプが、莫大な富を手にしながら没落の運命をたどるのは、こうした国際世論の動きに呑《の》み込まれ、方向舵《だ》を失った船のように漂流し、失速していったからである。ティップ・ティプの人生の結末は、ウスタアラブの終焉《しゅうえん》と正確に符合《ふごう》している。

「湖水の人」ミランボ

タンザニア最大の都市ダル・エス・サラームから六十キロほど北に、バガモヨという小さな港町がある。近代化から取り残され、いまではみる影もなくさびれているが、十九世紀のバガモヨは、ザンジバル王の別邸や赤レンガの教会の立ち並ぶ時代の風を象徴する港町だった。バガモヨが栄えたのは、当時、内陸交易の重要な中継基地だったからである。

バガモヨとは、スワヒリ語で「魂を離す《たましいをはなす》」という意味である。内陸から千キロ以上の道のりを、鎖《くさり》につながれ、ようやくこの港町に辿《たど》り着いた奴隷が、アフリカの「魂（モヨ）」をこの港に置いて、遠い異郷に散っていった。それがバガモヨなのだった。

ミランボ（1840年頃－1884）

そのバガモヨの港町から、内陸のタンガニーカ湖をめざして西へおよそ五百キロ。そこにアフリカの富をティップ・ティプと分け合ったミランボの首長国（ウリャンフル）があった。

ミランボの素性《すじょう》については、長距離交易に秀でたニャムウェジ人の子として生まれ、長じて、首長国の後継者に選ばれたことが伝えられているだけである。ミランボの名は、彼が、アラブ商人と長距離交易の利権をめぐって激しく対立するあたりから、広く知られるようになる。

一八七〇年代、彼は、「ルガルガ」と呼ばれる強力な軍団を率いて近隣の首長国を次々に支配下におさめ、ついには長距離交易最大の拠点タボラを制圧するのである。タボラには、ザンジバル王が任命したアラブ人の総督（リワリ）が常駐していた。

ミランボは、通行税（ホンゴ）を課すことを条件にこのアラブ人総督と新たな盟約《めいやく》を結び、そこから莫大な税収を手にすることになる。

この絶頂期のミランボについては、同時代人のイギリス人宣教師が手記にとどめている。以下は、その一節である。

「ミランボの屋敷は、大きな方形の栅囲《さくがこ》いの中にある。栅の広さは、一キロ四方ほどであろうか。その内部には、周囲に張り巡らされた栅に沿って、円形の小屋が二百くらい並んでいる。どれもしっかりした造りで、なかには、直径十五メートルもあろうかと思われる大きなものもある。実に巨大な栅囲いである。栅の外側にも小屋が立ち並び、そこにも大勢の人びとが住んでいる。

ミランボの屋敷は、この栅囲いの中央に位置していた。他の円形の小屋とちがい、方形のアラブ風の造りであった。ザンジバル島の大工や鍛冶《かじ》屋や石工《いしく》が建てた家である。もう少し窓が大きければ、われわれも十分住めそうだ。……少し離れたところに、農民とポーターの集落があった。農民は、軍隊の食料を生産し、ポーターは略奪《りゃくだつ》した商品を沿岸部に運んで、銃・弾薬などと交換する仕事を引き受けていた。」

（カベヤ『ミランボ王』、二四頁）

19世紀末東アフリカ内陸部

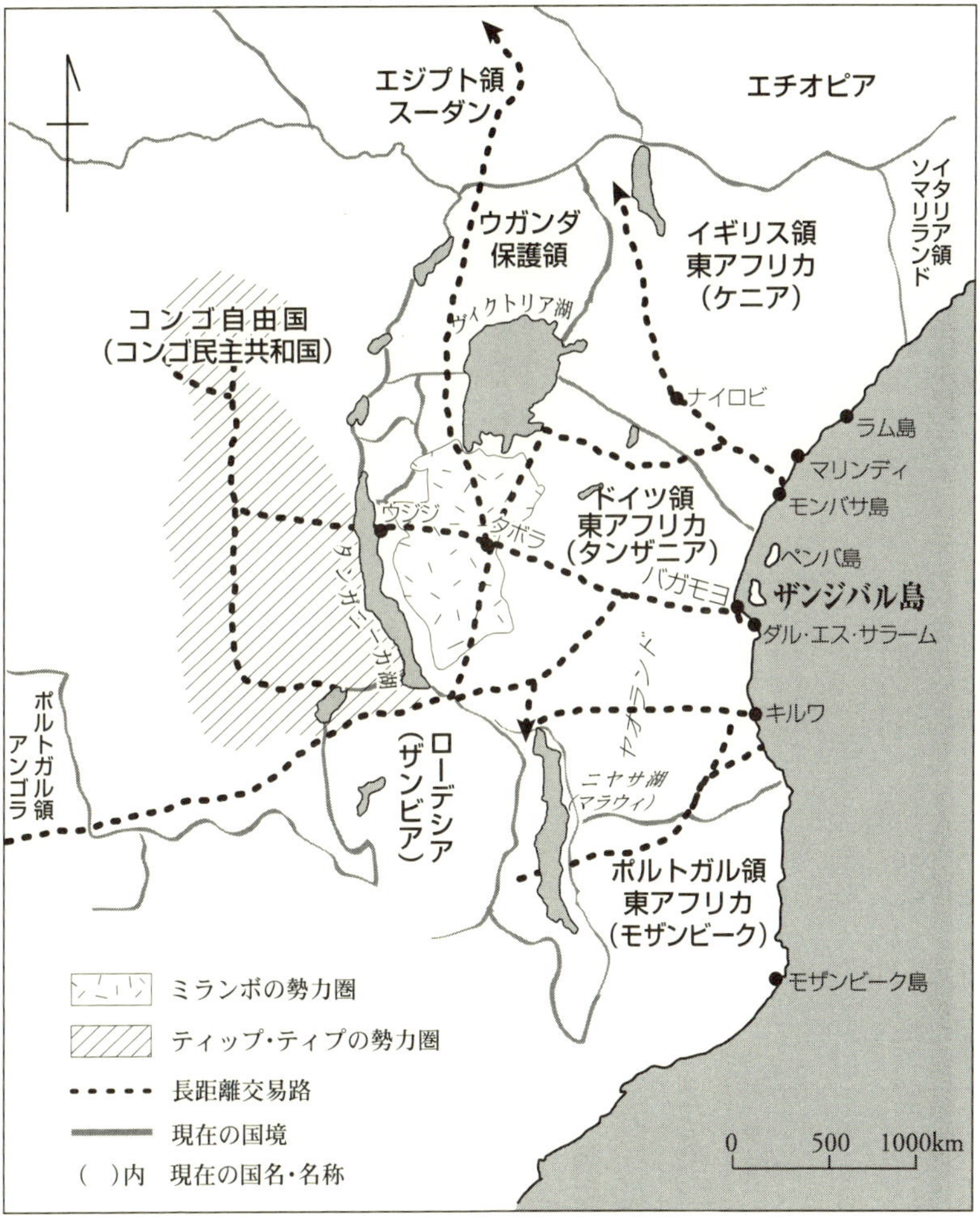

Farrant, *Tippu Tip*, Hall, *Empires of the Monsoon*, などより作成。

沿岸部に向かうキャラバン

©Zanzibar National Archives

記録にみるミランボの屋敷の景観は、まさに豪族の富と権勢そのものである。このような富が、アラブ商人に対する通行税によって蓄積されたことはすでに述べたとおりだが、資料によると、それは、綿布かビーズ、あるいは象牙や奴隷によって支払われていたという。

ところで、ミランボが、彼の生涯をとおして徹底したアラブ人嫌いに終始したことは、さまざまな事例によって確認できるのだが、このような中で唯一《ゆいいつ》彼と友好関係を結んでいたアラブの血をひくスワヒリ商人がいた。それが、ティップ・ティップなのだった。

この両者の連携《れんけい》が、ザンジバルと内陸部を結ぶ強力なパイプ役を果たしたことは、どれほど強調しても強調しすぎることはないだろう。バルガッシュ王が、内陸部の離反を抑《おさ》えるためにティップ・ティップに白羽の矢をたてたのも、まさにこの点にあったのだ。

それにしても、なぜふたりは固い絆《きずな》で結ばれていたのか。その謎を解く手がかりがわずかながら残されている。それは、伝記作家ファラントがティップ・ティップの家族誌から収集したと思われる記述である。それによると、ミランボの祖父とティップ・ティプの祖父との間には特別な信頼関係があり、ミランボの祖父が首長に就任する際、ティップ・ティプの祖父が大いに力を貸したというのである。さらに、ティップ・ティプの父親の第二夫人が、タボラを拠点としていた首長の娘であったことや、ティップ・ティプに流れるアフリカの血もふたりを結ぶ強い絆となったに違いない。

いずれにしても、ミランボとティップ・ティプの連携によって、交易路の独占体制は確立され、多くの富がふたりの手に集中することになった。

「湖水の人」ミランボを取り巻く政治的・経済的状況は、綱渡りにも似たきわどい駆け引きの中で進行し、常に一触即発《いっしょくそくはつ》の緊張をはらんでいた。こうしたなかで、首尾よく橋渡しの役割を演じたのが、ティップ・ティプだったともいえよう。

後日談《ごじつだん》になるが、ミランボは、独立直後のナショナリズム高揚期《こうようき》に、タンザニアの民族的英雄として祭《まつ》り上げられたことがある。理由は、彼が、アフリカ人の首長として、オマーン王家の血を引くバルガッシュ王を向こうに回し、アラブ商人と対等にわたりあったことにあった。しかし、同じアフリカ人を奴隷として売り渡した行為においては、彼もティップ・ティプと同じく、免罪《めんざい》の余地はないだろう。結局、時代の波に翻弄《ほんろう》され、やがて、失速し、最後はティップ・ティプとほぼ時を同じくして、歴史の舞台から姿を消していったのだった。

バガモヨに残るキャラバン・サライ(隊商宿)
(1988年撮影)

バガモヨのカトリックの聖堂（ホワイト・ファーザース）
(1988年撮影)

ストーン・タウンに残るティップ・ティプの家。現在は全く関係のない人が住んでいる。
(1986年撮影)

ストーン・タウン郊外の奴隷収容所跡。地下壕になっている。
(1986年撮影)

第三章　踏みにじられた魂

カトリック宣教団と解放奴隷（ストーン・タウンのローマ・カトリック教会の前で、1896年頃）

©Zanzibar National Archives

1　神の汚れた手——イスラームと奴隷制

女奴隷スウェマの物語

スウェマは、夢のなかでカラスになっていた。カラスになって、自分を奴隷におとしめたアラブ商人の体を鋭いくちばしで切り裂いていた。

切り裂きながら、なおもつばさでアラブ人の体を打ち続けた。

灼熱《しゃくねつ》の太陽が、荒野《こうや》をじりじりと焼いている……。

つばさとなった両手が無意識に動いて、スウェマは悪夢から覚めた。全身がふるえていた。怒りからのふるえであったか、恐怖からのふるえであったか。スウェマにはわからなかった。スウェマは、キリスト教に改宗した時、自分を不幸のどん底におとしめたアラブ人を神の前に赦《ゆる》したと思っていた。しかし、本当は赦していなかったのだ。夢がその証《あかし》だった。

スウェマは、問われるままに自分の経験を尼僧《にそう》に語り、尼僧はそれを記録として書き記した。それがこれから紹介するスウェマの物語である。

この記録は、パリのある伝道団体の私設図書館の古文書の中に紛れこんでいた。百年以上の時を経て発見され、最近、東アフリカ史の研究者の手によって公表された。内陸部のアフリカ人が、どのようにして奴隷商人の手に落ちたのか。ここで紹介する物語は、それについてアフリカ人の奴隷自身が語った証言である。(オルパーズ「スウェマの物語」、一八五—一一九頁)

スウェマは、一八五五年頃、現在のタンザニア南部にひろがるヤオランド地方の小さな村で農耕民の娘として生まれた。父親は狩りを生業とし、母親は畑を耕していた。姉がふたりと幼い弟がいた。生活は豊かなほうだった。いつでも肉が食べられたし、穀物の蓄《たくわ》えもあった。生活物資にも不足はなかった。父親が近くを通る隊商(キャラバン)に象牙を売り、代価としてビーズや綿布や塩を手に入れていたからである。

そんなある日、仲間と狩りにでていた父親が、ライオンに襲われて死んだ。これが不幸のはじまりだった。イナゴの大群が村を襲った。イナゴが去ったあと、村からは緑が消えた。

村人は、イナゴを塩漬けにして急場をしのいだ。しかし、それも尽きた。人々は飢え、家畜も死んだ。疫病《えきびょう》が流行し、スウェマの姉や弟もその犠牲となった。母親は、ついにスウェマを連れて村を離れる決心をする。

住み慣れた村をあとに、スウェマと母親は三日間歩き通した。二人は、ようやく別の村に居場所を見つけ小屋を建てた。

母親は、近所の男から雑穀《ざっこく》のソルガムの種《たね》を借り、畑に蒔《ま》いた。しかし、その年は雨が降らず不作に終わった。種を貸してくれた男に、母親は、返済の繰延《くりの》べを乞わねばならなかった。

農業をあきらめた母親は、壺《つぼ》つくりに転向し、精一杯《せいいっぱい》働いた。二度目の返済期限が目前にせまっていた。だが、返済できるソルガムは手元にない。おりしも、アラブ人の隊商が村に近づきつつあった。母親は危険がせまっていることを感じとった。借財を返済できない者や保護者のいない女・子供を買い受け、奴隷として連れ去る。それがアラブ人隊商の手口だったからである。

母親の予感は的中《てきちゅう》した。ある朝、何の断りもなく、男が二人の長老とアラブ商人を連れてスウェマの小屋に入ってきた。男は、借財のかたにスウェマをアラブ人に売り渡すと母親に宣告した。商人は、スウェマの歩行を確かめ、次に歯を入念に調べた。調べ終わると、三メートルほどの綿布を取り出して男に手渡した。商談が成立したのである。スウェマは奴隷としてアラブ商人の手に渡された。二人の長老が、この取引の証人となった。

母親は、自分を象牙のポーターとして雇ってくれるよう頼んだ。ひとり取り残されるのは、死ぬよりつらかったからである。こうして母親と娘の沿岸部に向けての長い行進がはじまった。

スウェマは、象牙で押しつぶされそうになる母親をかばいながら進んだ。隊商の食糧が底をつきはじめると母親への割当《わりあて》が減らされた。次第に母親は衰弱《すいじゃく》していった。スウェマは母親に自分の割当分を分け与えようとしたが、隊長はそれを許さなかった。商品であるスウェマが弱るのをおそれたからである。まもなく母親は隊から切り離され、スウェマはひとりぼっちになった。

インド洋に面した港町キルワに到着した時、スウェマは疲労と心労で放心状態だった。真っ暗な奴隷置き場のすみっこで、からだを丸めてただ茫然《ぼうぜん》と過ごした。七日後、スウェマは他の奴隷と一緒に小さなダウ船に詰め込まれた。身動きできないほどの詰め込まれようだった。昼間は熱気と喉《のど》の渇きで苦しんだ。夜は夜でひどく冷え込んだ。与えられるのは、わずかな水とキャッサバだけだった。

こうして六日間が過ぎ、船はザンジバル港に到着した。死んだように横たわるスウェマの耳に大声でののしる声が聞こえた。聞きなれない言葉だった。しかし、スウェマは、状況からののしりの原因を察した。隊商への出資者とおぼしき人物が、売り物にならない奴隷がいることに腹をたてているのだった。

突然、スウェマはござでぐるぐるまきにされ、そのまま、船から運び出された。何が起こったのか考える気力もなかった。そのうち、気を失った。気がつくと土の中だった。スウェマが運びこまれたのは、墓地だったのだ。幸い墓穴は浅く、うめき声を聞きつけたキリスト教徒によって助け出された。ただちに、スウェマは、カトリックの伝道所に収容された。カラスの悪夢を見たのは、それからまもなくのことだった。

ある日のこと、伝道所の施療院《せりょういん》に数人のアラブ人が運び込まれてきた。応急手当てのためにスウェマも呼び出された。突然、スウェマの背筋《せすじ》を恐怖が走った。アラブ人の中に、例の隊長がいたのである。スウェマは、動揺を押さえてシスターの命ずるままに傷の手当てをした。傷の手当てをしながら恐怖が次第に遠ざかるのを感じていた。不思議な気持ちだった。スウェマはそこにはっきりと神の救いの手を見たのである。

その後、スウェマはフランス領のレユニオン島にわたり、シスターとしてその生涯をすごした。

何千、何万という数のスウェマが、このようにして生まれ故郷を追われ、肉親から引き離されて奴隷となった。戦闘によって捕らえられた男たちの運命も、行き着く先は同じだった。

イスラームと奴隷貿易

イスラームの聖典コーランは、奴隷の所有を認めている。ムスリム（イスラム教徒）は、それを権利として行使してきた。

奴隷は、総称してアラビア語でラキークと呼ばれる（スワヒリ語ではムトゥムワ）。ラキークは、イスラーム法によって、女奴隷の子供か、異教徒（ユダヤ教徒とキリスト教徒をのぞく）の戦争捕虜《ほりょ》と決められていた。その結果、奴隷は、異教徒の住む世界から供給されることになる。それが、中央アジアであり、アフリカ大陸であった。

奴隷は、アラブ人の奴隷商（ナッハース）を介してバグダードやカイロに連行され、イスラーム世界に莫大《ばくだい》な富をもたらした。アフリカの供給源をたどると、大別して次の三つのルートが確認できる。西アフリカからのサハラ・ルート、ナイル川上流からの紅海ルート、そして、東アフリカからのインド洋ルートである。

まず、サハラ・ルート。このルートからの奴隷は、交易、あるいは、ジハードによって供給された。ジハードとは、イスラーム世界の拡大または防衛を目的とする「聖戦」のことである。イスラーム法によれば、聖戦への参加は、ムスリムにとってまさに第一の義務であり、戦死者には殉教《じゅんきょう》と同等の名誉が与えられた。ジハードは、アラビア半島から北アフリカに拡大し、さらに西アフリカへと南下する。こうして多くのアフリカ人異教徒が、戦争捕虜として中東に送り込まれた。

これに対し、紅海ルート、およびインド洋ルートからの奴隷は、もっぱら長距離交易に従事する商人によってもたらされている。

いったいどれだけのアフリカ人が奴隷としてイスラーム世界に運ばれたのか。専門家の推計によると、サハラ・ルートの総数は六百二十二万人。その最盛期は、マリやソンガイ帝国の栄えた十—十五世紀にさかのぼる。

一方、紅海とインド洋ルートを経て運ばれた人数は、総計三百三十万人。最盛期は、十九世紀のウスタアラブ時代、その最大の奴隷市場《いちば》はザンジバル島にあった。

ところで、インド洋ルートの展開の起爆剤《きばくざい》となったのが、フランス商人の介入にあったという事実は、意外に知られていない。それはこういうことである。十八世紀末、フランスの商人は、インド洋の植民地フランス島（現在のモーリシャス島）に設立した砂糖キビのプランテーションの労働力として、東アフリカ奴隷の導入を図《はか》った。その需要に応《こた》えて、いっせいに動き出したのがアラブ商人やスワヒリ商人である。彼らは競《きそ》うようにキャラバンを内陸部へ送り出し、奴隷狩りに狂奔《きょうほん》する。

フランス商人の奴隷貿易は、十九世紀初頭に終焉《しゅうえん》した。しかし、ひとたびはずみのついた奴隷の供給は、アラビア半島やインド亜大陸との奴隷貿易の再編と拡大に道を開くこととなったというわけである。

折りしも、クローヴ・プランテーションの展開によって、ザンジバル島内に労働力の需要が高まったことも、それに拍車《はくしゃ》をかけた。

イスラーム世界とキリスト教世界が交差し、奴隷貿易とプランテーションというふたつの条件が合致したところに展開した奴隷制、それがザンジバルの奴隷制である。

ザンジバルの奴隷制

王女サルマの『回想録』には、さまざまな奴隷が、入れかわり立ちかわり登場する。王女や王子に乗馬を教える奴隷、王宮と離宮の連絡係の奴隷、水汲みや屠殺《とさつ》を仕事とする奴隷、警備に従事する奴隷、農業労働に従事する奴隷……。これらの奴隷のほとんどは、ネグロイド系の人びとであったが、なかには中央アジアのコーカソイド系の奴隷もいた。

サルマの『回想録』に、次のような記述がある。

「奴隷制の最悪の部分は、内陸部から沿岸部へと運ばれる奴隷貿易の、その道中に集中しています。多くの奴隷が疲労と飢えと渇《かわ》きで死んでゆくのです。奴隷商人もこうした苦しみは知っていました。商人にとって、奴隷は商品ですから、最もよい状態で運ばなければなりません。奴隷を粗末《そまつ》に扱うようなことはないはずです。沿岸部に到着した奴隷は、おおむね丁重《ていちょう》にあつかわれます。奴隷はただ働きをさせられますが、そのかわり、奴隷のめんどうはすべて主人がみます。黒人は、なによりも楽な生活を好みます。強制されなければ働きません。だからほんのちょっとした仕事をさせるにも厳しい監督が必要となるのです。どろぼうやアル中、主人のもとを逃げ出す奴隷や悪行《あくぎょう》の手引きをする者もいます。こうしたことを大目に見ていると、ますます犯罪が増えます。……結局、唯一《ゆいいつ》の手段は、体罰ということになるわけです。これが、ヨーロッパでの

農村部の奴隷
©Zanzibar National Archives

ストーン・タウンの奴隷
©Zanzibar National Archives

奴隷制反対運動に火をつけることになったのです。」

（サイード＝リューテ『回想録』、二三〇頁）

サルマは、奴隷制の悲惨さを知っている。にもかかわらず、それを容認し、むしろ支持している。しかもサルマにとって、奴隷の存在は、王宮生活のかけがえのない一部だった。サルマがこの回想録を書いたのは一八八六年。当時、すでに奴隷貿易は禁止されていたが、まだ奴隷制そのものは残っていた。ちなみに、ザンジバルで奴隷制が禁止されるのは、イギリス支配下の一八九七年である。

ザンジバルの奴隷数に関しては、ヨーロッパ人旅行者やイギリス領事がさまざまな数値を残している。その数値には、十万から四十万までの幅がある。ここでは、イギリス人の海軍士官マシューの推計を紹介しておくことにしよう。マシューは、一八七七年以降、ザンジバル軍の指揮官として一九〇一年までの長期にわたり、ザンジバル社会の奴隷制を監視しつづけてきた。その経歴からも、彼の推計にはかなりの信憑性《しんぴょうせい》があると見てよいだろう。

次表は、そのマシューによる一八八六年のザンジバル（ペンバ島を含む）推定人口である。

ヨーロッパ人およびゴア出身のインド人キリスト教徒	二〇〇人
インド人	七、五〇〇人
アラブ人	四、〇〇〇人
ザンジバル人	三〇、〇〇〇人
解放奴隷	二七、〇〇〇人

奴隷　一四〇、〇〇〇人
（ベネット『アラブ国家ザンジバルの歴史』、一八〇頁）

これによれば、ザンジバルの奴隷数は十四万。人口の六十七パーセントに相当する。マシューは、この十四万の奴隷のうち、約八十パーセントがクローヴ農園で働かされているとコメントしている。なお、イスラーム法は奴隷の解放をきわめて敬虔《けいけん》な行為と規定しており、主人の意思による即時無条件の解放や、条件付きの解放を奨励していた。その他にも奴隷に、蓄財《ちくざい》によって代価を支払い自分自身を「買い取る」という仕方での「自由」への道を開いていたし、また、主人が遺言《ゆいごん》によって解放する場合もあったという。それが、この表の中の「解放奴隷」ということになる。

クローヴ農園の奴隷

クローヴは、インド洋貿易に従事していたアラブ商人によって、一八一八年頃ザンジバル島にもたらされたとされている。ザンジバルの気象条件や土壌《どじょう》がクローヴの成育に適していたのであろう。一八二八年、オマーン王サイードが初めてザンジバル島を訪れた時には、すでにアラブ人の経営するクローヴ農園が出現していた。

クローヴとは、フトモモ科の常緑樹で、原産地は、インドネシアのモルッカ（マルク）諸島といわれている。樹高《じゅこう》は四－七メートル、時には十メートル以上にもなる。花は小枝の先に群らがってつき、紅色の萼《がく》の先端に四枚の白い花弁をつける。開花直前の蕾《つぼみ》をつみとり、天日または火力で乾燥する。

クローヴの摘花作業
©Zanzibar National Archives

乾燥するにつれ、蕾《つぼみ》と萼《がく》が黒色に変わり、甘い匂いがたちのぼる。和名では丁子《ちょうじ》と呼ばれる。防腐・殺菌力が強いため、もっぱら薬用《やくよう》に用いられていたが、次第に料理やタバコのスパイスとして利用されるようになり、需要が増大した。蒸留《じょうりゅう》して得られるクローヴ油は、化粧品や薬品の賦香料《ふこうりょう》としても用いられているが、アジア諸地域では、古代から中世にかけて媚薬《びやく》としても珍重《ちんちょう》されていたという。

サイード王は、このクローヴに強い関心を示し、積極的に農園の拡張策を打ち出した。たちまち、王の農園は、ザンジバル最大の規模を誇るようになる。アラブ商人も、サイード王にならい、奴隷や象牙貿易で得た収益をクローヴ農園につぎこんだ。その結果、クローヴの収穫と輸出量は着実に伸び、一八六〇年代には、象牙に次ぐ輸出品として外貨を稼《かせ》ぐまでに成長している。

クローヴ農園の拡大は、そのまま労働力需要と直結していた。インド亜大陸やアラビア半島に運ばれていた奴隷の約半数が、この需要に応じて島内で取引されるようになり、それが、ザンジバルの奴隷人口を押し上げた。

クローヴ農園での奴隷の生活については、イギリス人の医師クリスティーの記録があるので一部を紹介しておこう。

クリスティーは、一八六四年から七一年にかけて東アフリカで猛威《もうい》をふるったコレラの感染経路に関心をいだき、イスラームの聖地メッカからモザンビークまでのフィールドを歩いた。そして、人々の生活を仔細に観察し記録したのである。

「奴隷は、週五日間を主人の農園で働く。休日は木曜と金曜の二日である。この休日を利用して、奴隷は自分の土地を耕す。

農園での労働量は、季節によって異なる。クローヴには、年二回の収穫期がある。七月から九月にかけての小収穫期と、十一月から十二月にかけての大収穫期である。この期間、奴隷の労働時間は通常の二倍にも三倍にもふくれあがる。」

（クリスティー『東アフリカとコレラ』、三一四頁）

クローヴの収穫は、オリーブの実をたたきおとすような具合にはゆかない。開花寸前の蕾《つぼみ》を、ひとつひとつ手で摘《つ》みとる。花が開いてしまうと商品価値がさがるので、タイミングも重要となる。摘みとった蕾から茎《くき》を取り除く仕事も手間がかかるし、それを天日で乾燥させるのもひと仕事である。とりわけ大収穫期は、雨期と重なることが多く、そんなときには、仕事の量は倍増《ばいぞう》する。再びクリスティーの記述にもどろう。

「クローヴの摘花《てきか》作業もさることながら、奴隷にとっての重労働は、乾燥したクローヴを出荷する作業である。奴隷は、麻袋《あさぶくろ》にクローヴを詰め、それを頭に載せ、ストーン・タウンまでの長い道のりを黙々と運ぶ。近くの浜辺から船で運び出す方法もあった。しかし、船を使うと、ザンジバル港で五パーセントの税金が課される。そこで、どの農園主も、陸路の輸送を選択した。」

(同、三二五頁)

クローヴのシーズン中は、一日八時間も九時間も働き、休日も返上という日が続く。しかし、そうでない期間には、与えられた畑を耕し、ある程度自立した生活を営んでもいた。休日にはストーン・タウンにでかけ、畑の作物を売って「商売」をする奴隷もいたという。

こうしたプランテーション型の奴隷制は、沿岸部の砂糖キビ農園や穀物農園でも展開した。過酷《かこく》な労働を強《し》いたこのタイプの奴隷制は、奴隷たちの反発を招き、それが大規模な逃亡事件に発展した事例も報告されている。

その間にも、奴隷制度反対の運動が、人権問題という核心を揺さぶりながらスワヒリ社会を直撃する日は刻々《こくこく》と近づいていた。

2　奴隷貿易の禁止とキリスト教宣教師団

奴隷制廃止運動のうねり

奴隷制反対の狼煙《のろし》は、アメリカのペンシルヴァニア州に移住したイギリス人クウェーカー教徒たちの間からあがった。記録によると、それは、一六八八年にさかのぼる。反対の声は年々高まり、一七五八年には州都フィラデルフィアで奴隷制に焦点をあてたクウェーカー教徒の歴史的な年次大会が開催されている。

それから、十五年、本格的な奴隷制廃止運動の舞台はイギリスに移った。ここでも、廃止運動は、クウェーカー教徒を支持母体として展開され、まず、「奴隷売買禁止条令」を成立させる。これが、運動にはずみをつけた。その後のイギリスにおける運動の展開を、年表で辿《たど》ってみる。

一七七二年　「奴隷売買禁止条例」の成立
一七八七年　「奴隷貿易廃止協会」の設立
一八〇七年　「奴隷貿易禁止法」の成立と「アフリカ協会」の設立
一八二三年　「反奴隷制協会」の設立

一八三三年　「奴隷制禁止法」成立

少し説明を加えよう。一七七二年に「奴隷売買禁止条例」を勝ち取ったクウェーカー教徒の運動は「奴隷貿易廃止協会」に引き継がれ、三十五年後の一八〇七年に「奴隷貿易禁止法」に結実した。しかし、運動の最終目標は、奴隷制そのものの廃止にあった。奴隷貿易の禁止は、その序盤戦《じょばんせん》だったのだ。こうして、奴隷制の根絶を目的として、一八〇七年に「アフリカ協会」が、一八二三年には「反奴隷制協会」が設立された。これらの運動が実を結び、ついに議会で「奴隷制禁止法」が制定されたのは、一八三三年のことである。「奴隷売買禁止条例」の成立から、実に六十一年が経過していた。

法的な裏付けを得たイギリスの奴隷制廃止運動は、やがて、全世界的なうねりとなって始動しはじめる。それが、産業革命によって解き放たれた西欧列強の市場獲得競争とセットとなって動いていたことは、いまや歴史の常識となっている。人道的な目的を掲げる運動が、資本主義的競争原理にからめとられていったというわけである。奴隷制廃止運動に対し、それが植民地化への布石《ふせき》を演じたというマイナス評価が下されるのはこうした理由による。

しかし、ひとつの運動がその理念を実現するために、しばしば経済界や政治勢力との癒着《ゆちゃく》を余儀《よぎ》なくされるというジレンマを抱え込まざるを得ないこともまた確かである。奴隷制廃止運動も、例外ではなかったのだ。その経緯は、この運動の担い手が、クウェーカー教徒の手を離れ、他のプロテスタント諸宗派と結合した政治家や活動家の手に移行していった過程に象徴的にあらわれている。

クウェーカーは、十七世紀のイングランドにおけるピューリタン革命の中で生まれたプロテスタントの一派である。正式には「キリスト友会」とも「フレンド派」とも呼ばれている。この一派が、沈黙の中で神を待ちのぞみ、深い内面的な体験によって〈内なる光り〉を感受し、そこにキリストの救済を見出すことを信仰の目的に掲げていることを思えば、彼らが、政治的な運動へのコミットをためらい、運動と一線を画さざるを得なかった理由も納得がゆく。

ミッショナリー研究の先駆者《せんくしゃ》であるグローヴスも、クウェーカー教徒が、運動の主流から離れていった理由として、クウェーカー派独自の信念が大きく関係していたことを指摘し、次のように述べている。

「クウェーカーの奴隷制反対は、深い宗教的動機から発したもので、目的を達成するためにただちに行動を起こすというような合理的人道主義にもとづいたものではなかった。」

(グローヴス『アフリカへのキリスト教伝道』、一九〇頁)

話をザンジバルにもどそう。東アフリカの奴隷貿易は、一八〇七年の「奴隷貿易禁止法」の発効《はっこう》以来、禁止運動の標的《ひょうてき》になっていた。英領インドやキリスト教徒との奴隷貿易の禁止まではオマーン王も同意した。しかし、いかにイギリス帝国であろうと、自分の国で制定した法令を、主権国家であるオマーンやザンジバルに適用するわけにはゆかない。有効な手だてのないままに、イギリス政府とオマーン王との政治的駆け引きが続く。

やがて、イギリスはひとつの突破口《とっぱこう》を見出す。インド人商人である。彼らの法的地位はイギリス臣民《しんみん》なのだ。にもかかわらず、彼らは、東アフリカの奴隷貿易と奴隷制に深く関わっている。イギリスは、スワヒリ社会のインド人商人にターゲットを絞《しぼ》った。

インド人商人と奴隷制

私の手もとに、一八六〇年二月十一日付の興味深い外交文書がある。ザンジバルのイギリス領事が、ボンベイ政庁に送付した書簡である。内容は、ザンジバル在住の某《ぼう》インド人商人の所業とそれに対する処罰に関する報告。要約すると、ほぼ次のようになる。

カヌー・ムンジーは、ヒンドゥー教徒のインド人商人で、長年、沿岸部の港で奴隷売買に携《たずさ》わってきた。前任の領事によって投獄された前歴もある。この領事は、もし、再び奴隷売買を行ったなら、重罪に処すとの警告をたびたびこの人物に与えてきた。

ところが、つい二、三日前、ストーン・タウンから約六マイルほど離れたところにあるカヌー所有の農園で、何人かのアフリカ人に質問をした結果、彼らがカヌーの奴隷であることをつきとめた。そのうち二人は、つい二か月前に購入されたばかりの奴隷であること、他の七人の男女の奴隷は八か月前に沿岸部から連れてこられた奴隷であることも判明した。その他にも、カヌー自身によって内陸部から運ばれた奴隷がたくさんいた。結局、カヌーが所有していた奴隷は、六十九人にのぼることが明らかになった。わたしはすべての奴隷を解放するようカヌーに宣告するとともに、法的措置《そち》を取ることにし、カヌーの身柄《みがら》を拘束した。奴隷には解放証明書を発行し、カヌーには、奴隷ひとり当たり十ドルの手当てと、ひとりでは生活できない子供の奴隷のためにふたつの農園を提供させた。

しかし、たび重なる警告にもかかわらず、奴隷売買を行うインド人商人はあとをたたない。そこで、わたしは、次のような布告を出すことにした。

布告——ザンジバル在住のすべてのイギリス臣民へ

十七年前、サイード王は、すべてのザンジバル臣民に、インド人との奴隷の売買を禁じた。一方、イギリス政府も、インド人を含むすべてのイギリス臣民《しんみん》の奴隷売買を禁じている。それにもかかわらず、ザンジバル在住のインド人は今なお奴隷の売買を続けている。今日から一か月後、まだ奴隷を所有しているインド人を発見した時には、法の命ずるところに従って処罰する。

現在、奴隷を所有しているインド人は、ただちにその旨《むね》申告し、解放証明を申請しなければならない。

ザンジバルに奴隷をもたらしたインド人、奴隷商人に前貸しをしたり、船を調達して奴隷を運んだり、あるいは、借金のかたに奴隷を譲り受けたインド人には、違反事項に従って、それぞれ百ドルの罰金を課し、身柄《みがら》をボンベイの牢獄《ろうごく》に拘束《こうそく》する。

一八六〇年二月一五日

ザンジバル在住イギリス領事　C・P・リグビー

（イギリス外務省文書　FO881/2314）

奴隷の解放期限は一か月。領事は、忍耐強く待った。だが、一か月を経てもひとりとして布告に応じたインド人商人はいなかった。

しびれを切らした領事は、四百人以上の奴隷を所有していた税関のマネージャーを摘発《てきはつ》し、布告の規程に従って投獄するという強硬手段をとる。この強硬手段は、さすがに効果をあげたようだ。領事の報告書は、三千二百八十七人の男女の奴隷がただちに解放されたことを記録しているからである。そのうち二千八十七人は、クローヴ農園の労働に従事していた奴隷、残りの千二百人は、ストーン・タウンで家内奴隷として使役されていた奴隷であった。

こうして、ザンジバル島のインド人所有の奴隷解放は順調に進展するかと思われた。しかし、領事が体調を崩して帰国し、監視の手がゆるむと、状況は、再び布告以前の状態にもどってしまった。

一方、スワヒリ沿岸の港町に住むインド人商人への対応も進んでいなかった。彼らは、内陸部の長距離交易への最大の出資者であったばかりでなく、沿岸部での奴隷売買にも深く関わっていた。監視隊が組織され、インド人商人の活動に対する取締りも強化されはしたが、王都ストーン・タウンから遠かったこともあり、効果は一向にあがらなかった。

こうした中で、イギリス外務省は、インド人商人による奴隷売買の息の根をとめるためには、東アフリカの奴隷貿易を全面的に禁止するほかないとの結論に到達することになる。つまり、ザンジバル王との「奴隷貿易禁止条約」の締結《ていけつ》であり、ザンジバル奴隷市場《いちば》の閉鎖であった。

ザンジバル奴隷市場の閉鎖

一八七三年、奴隷貿易禁止の問題は、大詰《おおづ》めを迎えていた。この年、ザンジバルの領事に就任したのは、ジョン・カークである。

カークは、外科医として人生のスタートをきり、軍医としてクリミア戦争に参戦、その後、リヴィングストンのザンベジ川遠征隊に参加した。彼にとって、これがはじめてのアフリカ体験となった。以来、アフリカは、彼の第二の故郷となる。植物学にも造詣《ぞうけい》が深かったカークにとって、アフリカは魅力ある大陸だったのであろう。乞われるままに一八六六年には領事館付の医者としてザンジバルに赴任《ふにん》している。七三年の領事への就任は、異例の昇格だったといえるだろう。

カーク領事
©Zanzibar National Archives

さて、外務省の命を受け、奴隷貿易禁止への道を模索《もさく》しはじめたカークにとって、状況はきわめて厳しかった。折りも折り、ザンジバルは、これまでにない奴隷の需要を抱えていたからである。

その原因はふたつあった。ひとつは、一八七〇年のコレラの流行によって、ザンジバルの奴隷人口が激減したこと。もうひとつは、一八七二年にザンジバル島を襲ったハリケーンによってクローヴの木々がなぎ倒され、復旧に膨大な奴隷労働力が必要となったからである。

カークの交渉相手は、一八七〇年に王位を継いだバルガッシュ王である。イギリスとの友好的関係を維持してきた王ではあるが、さすがに、たび重なる外圧に態度を硬化《こうか》させていた。たとえば、一八七二年、奴隷貿易禁止条約の締結《ていけつ》のためにザンジバル入りしていたイギリスの使節団を、王は徹底的に無視し、冷たくあしらって追い返している。

こうした流れの中で、カークは、バルガッシュ王にたいし、奴隷貿易禁止条約の締結を迫ったのである。王は、この要求に対しても、オマーンへの逃避《とうひ》という手段で対抗した。王が、これほどまでに奴隷貿易の禁止に抵抗したのは、経済的理由以上に奴隷貿易を生業とするアラブ商人たちの造反《ぞうはん》をおそれたからである。

イギリス外務省は、カーク領事にたいし、重ねて、速《すみ》やかに条約締結を進めるようにとの通達を送付する。もしも、バルガッシュ王が応じない場合、武力行使も辞さず、との文言が添えられていた。最後通告をつきつけられたバルガッシュ王は、ドイツとアメリカの領事に支援を求め、これが不成功に終わると、次にはフランスの領事に手を回した。しかし、すべては徒労《とろう》に終った。孤立無援のなか、王はついに抵抗を断念し、奴隷貿易の禁止を盛り込んだ条約に調印する。一八七三年六月五日のことであった。それによって、年間一一二万人の奴隷が売買されてきたストーン・タウンの奴隷市場《いちば》も閉鎖された。

条約は即日批准《ひじゅん》され、ただちにイギリス海軍による東アフリカ沿岸のパトロールが開始された。しかし、網の目をくぐり抜ける巧妙な手口が横行《おうこう》し、取締りは困難をきわめた。パトロール船も不足していた。しかし、きわめて限定的ながら、成果があがらなかったわけではない。そこで浮上したのが、救出された奴隷の処遇《しょぐう》問題であった。放置すれば、再び奴隷商人の餌食《えじき》になる。かといって、内陸の故郷に帰す手だてもない。

そうした状況のなかで浮かびあがってきたのが、布教活動に情熱を燃やしていたキリスト教宣教師団の存在であった。

解放奴隷とキリスト教宣教師団

キリスト教プロテスタント諸派の宣教師団は、活動の拠点として西アフリカのシエラレオネ、東部アフリカのエチオピア高原、南部アフリカのケープタウンの三か所を選んだ。

このうち、エチオピア高原に入った宣教師団は、先行のカトリック宣教師団と衝突して一八四四年にモンバサに移動、南部アフリカに入った宣教師団は、奴隷商人との抗争に力尽き、一八六四年ザンジバルのストーン・タウンに拠点を移した。その間、フランス領レユニオン島を拠点としていたカトリックの宣教師団もストーン・タウンでの活動を開始している。死者とまちがえられて葬《ほうむ》られた女奴隷スウェマを救ったのは、このカトリック宣教師団の尼僧《にそう》たちだった。こうして、ザンジバル王支配下の東アフリカ沿岸部に、宣教師団の活動拠点が出現する。

「中部アフリカ大学宣教協会」（ＵＭＣＡ）の宣教師スティールは、ザンジバル島に拠点を移した理由を次のように述べている。

「なぜ、ザンジバルに拠点を移したのか、とよく聞かれます。答えは簡単です。ザンジバルは東アフリカの首都だからです。ナタール港からアデンの間で、首都の名に値する町はザンジバル以外にありません。いいえ、ザンジバルは単なる首都ではありません。三千キロ以上におよぶ沿岸部と広大なその後背地の貿易センターなのです。……

政治的観点からも、ザンジバルは重要な町だといえます。ザンジバルの支配者はソマリアからモザンビークに至る沿岸部を抑《おさ》えています。内陸部における権限は、沿岸部ほど強いものではありませんが、タンガニーカ湖畔のウジジに総督を置き、沿岸部との交易を掌握《しょうあく》することによって内陸部の諸部族を統率《とうそつ》しています。

以上の経済的、政治的理由にも増して重要なことは、ザンジバルで使われているスワヒリ語がなかば公用語かつ商業用語としてひろく通用していることです。宣教の拠点としてザンジバルほどうってつけのところは他にありません。」

（ヒーンリー『エドワード・スティール回想録』、七四頁）

このスティールの記述は、十九世紀中葉におけるザンジバルの政治的・経済的な勢いを伝えるものであるが、同時に、当時のヨーロッパ人がザンジバル王の支配をどのように見ていたかを示す史料としても興味深い。

さて、使命感に燃えてザンジバルに拠点を移した宣教師団は、たちまち、イスラームという大きな壁に直面する。一夫多妻制や奴隷制にどっぷりつかってきたイスラームの信者を改宗させるのは至難《しなん》の業《わざ》だった。こうした状況のなかで、希望の灯《ひ》をともしてくれたのが、一八七三年の奴隷貿易禁止令なのである。拿捕《だほ》された密輸船から救出された奴隷が、続々と宣教所に運び込まれるようになったからである。宣教所は、解放奴隷の一時的な避難所となり、やがて教育センターとなった。解放奴隷の受入れは、イギリス本国の活動家の支援も得て次第に軌道《きどう》に乗り、UMCA宣教所は、日増しに充実していった。

ところで、この一八七三年という年は、布教や奴隷解放運動に携わる人々にとって忘れることのできない年でもあった。この年、UMCAのトザー司教と、この宣教師団の生みの親ともいうべきリヴィングストンが、相次いでこの世を去ったからである。

トザーの後を受けて司教となったスティールは、法律・言語・建築などに多才な能力を発揮し、布教活動を盛り上げ、イギリス市民による奴隷解放の支援活動にはずみをつけた。しかし、スワヒリ社会における布教活動は、結局、挫折《ざせつ》に終わる。イスラームの壁を突き崩すことができなかったのだ。その結果、宣教師団は、解放奴隷を引き連れて、イスラームの及んでいない内陸部に活動拠点を移すことになる。アラブ商人が常駐していた一部の交易拠点（たとえば、タボラやタンガニーカ湖畔のウジジ）をのぞき、内陸部がキリスト教徒、沿岸部がイスラーム教徒というおおまかな現在の住み分けパターンは、このようにして生まれた。

解放奴隷の教育センター

一九九三年三月のある日、わたしは宣教師団ゆかりの地を訪れた。ストーン・タウンから南に二一三キロ、あたり一面雑草におおわれ、変色したサンゴ石の廃墟《はいきょ》が、野ざらしのまま放置されている。天井はぬけおち、真っ青な空がのぞいていた。

一八六六年、トザー司教は、この地に解放奴隷のための女子教育施設を建設した。資金は、母校の卒業生が提供したという。いったい何人のアフリカ人女性が救出され、そのうちの何人がこの施設で過ごしたのだろうか。教育を受けたあと、彼女たちはいかなる人生を歩んだのか。いま、目の前の炎天下に姿をさらしている廃墟は、そうしたわたしの疑問に何も答えてはくれない。

廃墟をとおりぬけ、灌木《かんぼく》の茂る道を少しゆくと、インド洋を望む断崖《だんがい》に出た。インクを流したような大海原《おおうなばら》が果てしなく広がり、波が珊瑚礁《さんごしょう》の真っ白い砂浜を静かに洗っている。

この廃墟から車でしばらくゆくと、古いキャセドラルの前にでる。UMCAが建てたふたつめの聖堂、セント・ジョーンズ・アングリカン・チャーチの大聖堂である（一八六頁に写真）。庭は墓地になっていた。アフリカ人のものとおぼしき墓に混じって、宣教師たちの墓もある。過酷な気候と熱帯の風土病にかかり、命を縮《ちぢ》めた人たちにちがいない。史料によれば、トザー司教がこの土地を購入したのは一八七一年。後任のスティール司教が、さらに土地を買い足して解放奴隷の村落をつくった。しかし、今、そこには、何の痕跡《こんせき》もなく、あたりは荒れ野原となっている。

わたしは、UMCAの足跡をたどりながら、解放奴隷の救済のために命を賭《か》けた宣教師団の情熱に思いを馳せた。宣教師たちの心をつき動かしたそのような情熱とは、いったい何だったのか。このことを思うたびに、わたしの心に浮かぶザンジバルの情景がある。それは、以前に読んで、今も心に焼きついている十九世紀のヨーロッパ人探検家が書き残した記録である。そこには、回復の見込みがないと判断され、死者のように税関の床に放置された奴隷の姿があり、葬られることもなく浜辺で朽ち果ててゆく奴隷の死体があった。

ストーン・タウンへの帰路、わたしの心は重く揺れつづけた。

3　スワヒリ世界の分断とイギリス植民地支配

ヨーロッパ帝国主義の足音

一八八四年十一月、アメリカを含む十四か国の代表が、西アフリカのコンゴ盆地およびニジェール川流域をめぐる利害の調整のためベルリンに参集した。

会議の主催者は、ドイツ宰相《さいしょう》ビスマルク。ビスマルクのねらいは、西アフリカの領域をめぐってイギリスと対立していたフランスを味方にひきよせ、アフリカ進出への足掛《あしがか》りをつかむことにあった。国内の統一にてこずっている間に、植民地獲得競争に出遅れてしまったドイツは、このような仕方で、巻き返しにでたのである。翌八五年二月、代表は、分割の協定を盛り込んだ議定書《ぎていしょ》に調印した。

協定は、領土を併合する際に遵守《じゅんしゅ》すべき二つのルールを定めている。ひとつは、現地の首長との「保護条約」や占領といった現実的な支配の実態が存在すること（「実効《じっこう》ある占領」）、第二に、併合の事実をすみやかに他の調印国に通告すること（「後背地《こうはいち》を含めた勢力圏の相互承認」）。こうして、「実効ある占領」を確実にするためのさまざまな実力行使が展開し、西欧列強によるアフリカ分割が本格化するのである。

忘れてはならないのは、ベルリン会議で合意された協定が、アフリカ以外の分割や再分割のルールとして国際的にも承認されたことである。その結果、分割競争は一挙に東アジアや南太平洋にまで拡大した。アジア諸国の中で、こうした時流にすばやく反応し動き出したのが、ほかならぬ日本であった。ベルリン会議は、分割の嵐を世界中にまきおこし、日本をも、その渦中《かちゅう》に巻き込んでいく震源《しんげん》となったのである。

こうした中で、すでに奴隷貿易禁止を通して楔《くさび》を打ち込まれていたスワヒリ世界は、ひとたまりもなく西欧列強のなすがままに引き裂かれていった。その経緯《けいい》を、少し丁寧《ていねい》に辿《たど》っておくことにする。

東アフリカ分割の幕は、ベルリン会議終結直後、ドイツ皇帝ウィルヘルム二世が、ザンジバル島対岸の内陸部一帯を「保護領」とする勅令《ちょくれい》を公布したことによって切って落とされた。その法的根拠は、ドイツの私的な植民会社の社員が、東アフリカ内陸部の首長たちと締結した「保護条約」にあった。ドイツ政府は、この条約をもって「実効ある占領」とみなし、いち早く国際社会の承認をとりつけたのである。

一方、アフリカ人首長は、意味も実体も知らされぬままに「保護条約」に署名させられていた。これが、いかにいかがわしい詐欺《さぎ》行為であったか。彼らがそのことに気づいたとき、すべては後《あと》の祭りだったのだ。

皇帝による勅令の公布と同時に、ドイツ政府は、ザンジバルに戦艦をさし向け、バルガッシュ王の抗議を封じ込めるとともに、ダル・エス・サラーム港の割譲《かつじょう》をせまった。内陸部の統治には、港が必要不可欠だったからである。ドイツ外務省が、交渉を有利に展開するため、かねてからザンジバル行きを申請していた王女サルマを利用しようとしたのは、まさにこの時だった。

サルマの回想録には、ある日突然、ドイツ外務省に呼び出され、ザンジバル行きを打診されたことが記されている。なんど申請しても渡航許可がもらえず、あきらめかけていた矢先《やさき》のことだった。ドイツ外務省は、ドイツ政府の意向をバルガッシュ王に伝達することを条件に、ザンジバル行きを許可したのである。任を帯びたサルマが、ドイツ海軍さしまわしの軍艦に乗船し、ザンジバルに向かったことは、すでに紹介したとおりである。

ザンジバル王国の分割

ドイツの侵略を知ったバルガッシュ王は、イギリス外務省に緊急支援を要請する。しかし、期待したような対応は得られず、王は窮《きゅう》地《ち》に追い込まれてゆく。

奴隷貿易の禁止をきっかけに、いわば後見役《こうけんやく》として王をサポートしてきたイギリス政府が、この危機的な状況を前にしてなぜ介入を手控えたのか。なぜ王を見捨てたのか。理由はいろいろあるが、帰するところ、当時イギリスが直面していた国際的孤立化に求めることができるだろう。エジプト領スーダン情勢の緊迫化《きんぱくか》やロシアのアフガニスタン侵攻に加え、西アフリカにおけるフランスとの植民地争奪戦など、山積する問題を抱えて孤軍奮闘していたイギリスは、これを機会にドイツを味方につけ孤立化からの脱却を図る戦略を選択したのである。一方、その辺《あた》りの事情に精通していたドイツは、フランスへの接近をちらつかせることによってイギリスからの譲歩をひきだそうとしていた。ドイツとフランスとの提携《ていけい》、これこそは、イギリスがもっとも恐れる事態であり、ザンジバル王を切り捨ててでも回避《かいひ》したかったことなのであった。

頼みとするイギリスに冷たく見放されたバルガッシュ王は、ドイツ軍のスワヒリ世界への侵攻をみすみす容認せざるを得ない最悪の事態に直面する。

こうしたイギリス政府の外交上の思惑とは裏腹《うらはら》に、イギリス国内では、産業界が、東アフリカへの進出を画策していた。

事態に苦慮したイギリスは、苦肉の策として「ザンジバル領土画定委員会」の設置をドイツに提唱する。イギリスとドイツ、それにフランスの代表を加えたこの国際委員会は、発足するやただちに視察団をザンジバルに派遣した。ザンジバル島を出航した視察団は、二十日間にわたるスワヒリ沿岸部の巡察《じゅんさつ》を行ったのである。一八八六年一月のことであった。

結果は、どうだったのか。それまであいまいな境界のままで何ら不都合もなかったザンジバル王の広大な東アフリカ領は、ザンジバル、ペンバ、ラムなどの島嶼《とうしょ》部と、現在のソマリアからタンザニア南部にいたるほぼ幅十六キロの大陸沿岸部に限定され、ここに初めて「国境」なるものが画定されたのである。この時点で、ザンジバル王は、広大な内陸部をすべて失ったことになる。

しかし、ヨーロッパの列強にとって、こうした画定作業は、ザンジバル領分割のほんの布石《ふせき》にすぎなかった。その経緯は、ザンジバル在住のイギリス領事と本国の外務省との間でかわされた文書によって逐一《ちくいち》知ることができる。「委員会」の各国代表は、画定作業の間にも、それぞれ自国の権益を拡大するための活発な裏工作を展開していたのである。すなわち、イギリスは、ザンジバルとモンバサ両島に、ドイツはすでに獲得した保護領の拡大に、フランスはマダガスカル島とコモロ諸島に照準《しょうじゅん》を合わせていた。

「委員会」には参加していなかったイタリアも、この機に乗じてスワヒリ沿岸の北部（現在のソマリア南部）に標的《ひょうてき》をしぼり、その領有権を虎視眈々《こしたんたん》とねらっていた。

ザンジバル王の領有するスワヒリ世界が、ずたずたに引き裂かれ、西欧列強の植民地獲得競争の草刈り場になり果てるのは、もはや時間の問題であった。

それは、一八八八年、イギリスが、モンバサ港の租借権《そしゃくけん》を得るかわりに、ドイツに対してはダル・エス・サラーム港を含む沿岸部の関税徴収権を認め、その承認をザンジバル王からとりつけたことによって一挙に進展した。二年後、イギリスは、ドイツとの協定にもとづき（イギリスは、ザンジバルの領有とひきかえに北海にあるヘリゴランド島のドイツ領有を認めた）、ザンジバル島とペンバ島およびその周辺の島々を東アフリカ沿岸部から切り離して「保護領」にすることを宣言する。一方、イタリアも、漁夫の利の諺《ことわざ》どおり、スワヒリ沿岸北部の領有権を入手し、分割の分け前にあずかった。

ウスタアラブの世界は、こうして一方的に踏みにじられ、脆《もろ》くも崩壊した。内陸部との連携を断ち切られたザンジバル島は、翼《つばさ》をもぎとられた鳥のようにインド洋に浮かぶ小さな孤島に身を落とし、インド洋貿易の中継地としての歴史的役割を終えた。同時に、インド洋世界を包摂《ほうせつ》していた人と物の自由で活発な地域間交流も壊滅《かいめつ》し、ザンジバルは、イギリス本国とその植民地インドを両極とした経済体制の中に取り込まれてゆくことになる。

スワヒリ世界の分断後、ザンジバルを待ち受けていたのは、「保護領」に名を借りた植民地支配であった。そこでは、それまでのイスラームを中心とした民族的統合原理が温存され、利用されつつも、他方で近代西欧の行政理念が強制されてゆく。

イギリスの統治政策

一八九六年八月二七日午前九時。ザンジバル島の沖合《おきあい》に結集していたイギリス艦船は、王都ストーン・タウンの白亜《はくあ》の王宮めがけて砲弾のつぶてを打ち込んだ。攻撃の火ぶたが切って落とされたのだ。一触即発《いっしょくそくはつ》の緊張は二日前から続いていた。緊張の原因は、ハメド王(サイード王の孫)の没後、王位をねらう従兄弟《いとこ》のハリドが起こしたクーデタにあった。これに対し、継承者をハリドの兄ハムードと決めていたイギリス政府が投降を呼びかけ、応じない場合には武力行使を行うとの最後通告を出していたのである。

イギリス艦船の砲撃に対し、ハリド軍はなす術《すべ》もなく、戦争はわずか四十五分で決着した。ハリドはドイツ領事館に避難し、かろうじて国外に逃亡。あとには、五百人あまりの死傷者と、無残に破壊しつくされた宮殿が残された。王位には、ハムードが就《つ》いた。なぜ、イギリス政府は、ザンジバルの王位継承問題に介入し、かくも暴力的な手段で解決を図ろうとしたのか。それを説明するためには、話を少し戻さねばならない。

一八九〇年、ザンジバルの領有に踏み切ったイギリス政府は、当初、内政不干渉《ふかんしょう》の原則をうちだしていた。つまり、ザンジバルの既存の支配組織をそのまま温存し、それを利用した統治体制を念頭に置いていたのである。

ところが、ザンジバル入りしたイギリス総領事がそこに見出したものは、西欧の政治理念とはあまりにもかけ離れた実態であった。そこでは、すべてが王と一握りの宮廷官僚によって決定され、王に帰属する小さな軍隊をのぞけば、行政組織と呼べるものは皆無《かいむ》に等しかった。王家の財政と国家財政との区分すらない。愕然《がくぜん》とした総領事は、イスラーム法に基づく司法権以外のすべての権限を王から剝奪《はくだつ》し、必要最低限の行政組織の整備に着手した。

もちろんこの間、ザンジバル王の方でも、このようなイギリス政府の干渉に対し、できる限りの抵抗を試みていた。イギリス外務省に抗議文を送付したことも知られているし、ひそかに私兵を結集して逆襲の機会をうかがったことも記録に残されている。とりわけ、奴隷制撤廃をかかげたイギリス側の政治的圧力に対しては、以前の奴隷貿易禁止の時と同様に、王は、最後まで頑強《がんきょう》に抵抗した。こうした抵抗に手を焼き、ひそかに王の交代を期待していたイギリスにとって、ハメド王の死去は、まさに絶好のチャンスであった。

ところが、事態はイギリスの思惑通りには運ばなかった。イギリスに反抗的なハリドが王位継承権を主張し、突如宮廷を占拠する挙にでたからである。イギリス政府は、事態の打開を図るために軍事力を行使する決断を下《くだ》す。それが、先に述べた四十五分戦争なのだった。砲撃は、抜群の威力を示した。これによってザンジバルの旧支配層はことごとく牙《きば》を抜かれ、以後、イギリス主導の統治が一方的に展開されることになる。

ところでこの時期、ザンジバルに限らず、アフリカ全土で植民地支配への抵抗が繰り広げられた。しかし、いずれも圧倒的な軍事力によって鎮圧されている。侵略者にとって、こうした組織的な「暴力」は、もっとも手っ取り早い住民教育でもあったのだ。

「暴力」を植民地支配の第一の特徴とすれば、その第二の特徴は「人種」や「部族」によって植民地住民を分断することによって懐柔《かいじゅう》してゆく統治方法にあった。いわゆる分割統治である。ザンジバルにおける分割統治は、すべての住民をアラブ人、インド人、アフリカ人に分類することからはじまった。そして、アラブ人にはクローヴ生産が、インド人には商業と金融業が、アフリカ人には肉体労働がそれぞれ振り当てられた。その中で、官吏《かんり》として重用《ちょうよう》され、統治機構に組み込まれたのはアラブ人である。部門によっては、インド人が登用されることもあったが、アフリカ人は結局、すべての公職から排除されている。分割統治の原則は、一九二六年に設置された「立法評議会」(のちに独立を担う議会へと再編される)にも適用され、アフリカ人はそこからも排除された。

こうした分割統治は多様で複合的な多民族社会にどのような影響を与えたのか。

アイデンティティの揺らぎ——シラジとスワヒリ

植民地政策の効果的運用のために、イギリス当局は人口調査を実施した。調査は、七年ごとに行われ、ザンジバルの住民はアラブ人かインド人かアフリカ人のいずれかに分類された。興味をそそるのは、アフリカ人だけは、さらに細かく自己申告にもとづいて分類されていることである。次の表をとおして、アフリカ系住民が、いかに細かく区分されているかがわかるだろう。六つの区分項のうち、「ハディム」を除くその他の名称は出身地を意味している。

たとえば、トゥンバトゥ、ペンバは、東アフリカ沿岸部の島の名前である。「スワヒリ」と「シラジ」も、単純ではないが、やはり出身地を指しているといってよい。これに対して、「ハディム」は

ザンジバル人口調査（1924,1931,1948年，単位：人）

全人口（人種別内訳）

	1924年	1931年	1948年
アフリカ人	181,275(84.2%)	184,032(78.2%)	199,860(75.7%)
アラブ人	18,884(8.5)	33,401(14.2)	44,560(16.9)
インド人	13,772(6.1)	15,246(6.5)	15,892(6.1)
その他	2,866(1.2)	2,749(1.1)	3,850(1.3)
計	216,797(100)	235,428(100)	264,162(100)

アフリカ人人口（民族集団別内訳）

		1924年	1931年	1948年
ハディム	ウングジャ島*	16,454	27,732	41,185
	ペンバ島	598	779	581
トゥンバトゥ	ウングジャ島	21,288	27,663	38,548
	ペンバ島	5,094	7,312	7,583
ペンバ	ウングジャ島	143	480	900
	ペンバ島	12,496	11,276	58,868
スワヒリ	ウングジャ島	14,806	2,038	129
	ペンバ島	19,138	28	161
シラジ	ウングジャ島	13,602	8,642	145
	ペンバ島	12,828	32,249	30
その他	ウングジャ島	—	—	243
	ペンバ島	—	—	107
小計		116,447	118,199	148,480
大陸アフリカ人	ウングジャ島	38,590	44,492	37,502
	ペンバ島	26,238	21,341	13,878
小計		64,828	65,833	51,380
総計		181,275	184,032	199,860

＊ザンジバル島のスワヒリ語名称

全く違っている。これは、先にもふれたが、「召使い」を意味するアラビア語起源の呼称《こしょう》なのである。

ところで、三回の人口調査の推移《すいい》を見ると、そこには奇妙な現象が起きていたことに気づく。というのは、一九二四年に三万三千人を計上した「スワヒリ人」が、三一年には二千人に、四八年には三百人に激減しているからである。

さらに、この「スワヒリ人」より奇妙なのは「シラジ人」の推移であった。一九二四年に二万五千人だった「シラジ人」は、三一年に四万人に増加、しかし、四八年には一挙に二百人足らずに減少してしまっている。

いったい、彼らはどこに消えたのか。いや、消えたのではない。一部は「アラブ人」に、大多数は「ハディム人」や「ペンバ人」といった「部族」名に登録変えしたのである。ここからは、人種的、民族的アイデンティティの選択を突きつけられて戸惑う人びとの姿が手にとるように見えてくる。誰が、どのように登録を変更したのか。

ここでは、少し立ち入ってその状況を見てゆくことにする。

はじめに、「スワヒリ人」について見てみよう。彼らが登録名称を変えた理由は、「スワヒリ人」を名乗った人びとの多くが、そもそも本来の出身民族名の確認できない奴隷の子孫だったことにある。つまり、「スワヒリ人」を名乗ること自体、奴隷の子孫であることを自ら申告《しんこく》しているようなものだったのだ。このことに気づいた彼らは、奴隷の刻印《こくいん》を消すために、ほかの「部族」名に登録を変更した。こうして「スワヒリ人」が統計から消え去ったのである。現在、ザンジバルやその他のスワヒリ諸都市に「スワヒリ人」を名乗る人びとが少ないのは、こうした経緯とも深く絡《から》んでいると思われる。

次に「シラジ人」の場合を考えてみよう。調査に当たったイギリス人の報告から浮かんでくるのは、「シラジ人」が統計から消えていった背景に「得体《えたい》の知れない部族名を統計から抹消《まっしょう》したい」というイギリス当局の思惑が大きく関わっていたらしい事実である。その思惑が、どのような仕方で実行に移されたかを確認できる証拠はないが、一九三一年に四万人を数えた「シラジ人」が、四八年に一挙に二百人に激減している状況はいかにも不自然である、何らかの圧力が働いたとしか考えられない。

結局、彼らの多くも、「スワヒリ人」と同じくほかの「部族」名に登録変えした。

以上のように、イギリス植民地政策は「人種」と「部族」による分割、つまりは差異化を支配原理として進められ、やがて、それはザンジバル社会に民族対立の芽を育む土壌となった。加えて新たな移民の増加が、複雑な政治状況をつくりだしていくことになる。ここにいう新たな移民とは、大陸部からのアフリカ人移住者を指している。

このアフリカ人新移民は、一九四〇年代には全人口の五分の一を占めるほどになり、イギリス人による露骨な人種差別政策の中で、急速に反アラブ感情を高めていった。こうした中で、それぞれの民族的利益を代表する組織体が政治色を強めてゆく。「アフリカ協会」はアフリカ人新移民の、「アラブ協会」はアラブ人の利益を代表した。そして、統計上からは抹消された「シラジ人」は「シラジ協会」を設立する。

以上が、民族解放の激しい嵐が吹き荒れる、その前夜のザンジバル情勢であった。

民族解放運動の展開と独立

ザンジバルの民族解放運動は、一九五〇年代に入って一気に進展する。その先鞭《せんべん》をつけたのは「アラブ協会」であった。

イギリス統治下で特権を享受《きょうじゅ》していたアラブ協会が、なぜ運動の口火を切ったのか。その真意をめぐっては、さまざまな議論が可能である。たとえば、アフリカ人の立場に立つ研究者は、アフリカ人新移民が解放運動の主導権を握ることを恐れ、それを抑止《よくし》するためにアラブ人が先手を打ったのだと分析する。とすれば、アラブ協会が打ち出した反英、ザンジバル・ナショナリズム、パン＝イスラームといった一連の政策は、いずれもアラブ色を払拭《ふっしょく》するための政治スローガンにすぎなかった、ということになる。

しかし、親アラブの立場に立つ研究者からすると、中東を震源とする国際的な潮流に触発されたアラブ人の反英、パン＝イスラームの立場こそが、真のナショナリズムであったということになる。

いずれにせよ、アラブ協会の下に、住民が一致団結するには、ザンジバル社会の民族的亀裂《きれつ》はあまりにも深すぎた。アラブ協会に続いて「アフリカ協会」と「シラジ協会」が戦列に加わったことは、そうした亀裂の大きさを反映していた。

一方、イギリス政府は、来るべき独立に備えて、着々と準備を進めていた。総選挙である。選挙に向けた政党の再編も進んだ。かくして、一九六一年以降、三回の総選挙が行われることになる。議席数を争ったのは、アラブ系の「ザンジバル・ナショナリスト党」、アフリカ系の「アフロ・シラジ党」、および、シラジ系の「ザンジバル・ペンバ人民党」である。

読者の中には、アフリカ系の「アフロ・シラジ党」に、「シラジ」の名称が入っていることに疑問を抱かれるかたもあるだろう。その理由は、「アフロ・シラジ党」と「ザンジバル・ペンバ人民党」の結成過程を探れば明らかになる。つまり、アフリカ系とシラジ系の人びとは、一九五七年、民族的対立を止揚《しよう》し「アフロ・シラジ同盟」を結成する。しかし、それも束の間、二年後には、シラジ系の人びとが脱退して、「ザンジバル・ペンバ人民党」を創設する。こうして、母体の継承者である「アフロ・シラジ党」に、「シラジ」の三文字が残ったというわけである。分裂の背景は複雑だが、ここではとりあえず労働者でありかつキリスト教徒である新参《しんざん》のアフリカ人と、クローヴ生産者でありかつムスリムの「シラジ人」との間に横たわる文化的・階級的ギャップを指摘しておこう。

さて、総選挙の結果はどうであったか。シラジ系の「ザンジバル・ペンバ人民党」との提携に成功したアラブ系の「ザンジバル・ナショナリスト党」が辛《から》くも勝利を手にしたのである。アフリカ系の「アフロ・シラジ党」は、敗れた。敗因は、シラジ系の人びとがアラブ系の政党にキャスティング・ヴォートを与えたことにあった。このことが、ザンジバルの将来にどのような激変をもたらすことになるか。これについては、すぐあとで述べる。

このようにして、ザンジバル王国は、アラブ系主導の新政権のもとで独立を達成する。一九六三年十二月十日のことであった。イギリス人は、アフリカ人を主体とした独立国家の実現をみることなく、ザンジバルを去ったのである。

ちなみに、「アフロ・シラジ党」は、一九七七年、タンガニーカを独立に導いた「タンガニーカ・アフリカ人民族同盟（TANU）」と合併し、「革命党（CCM）」と改称、現在にいたっている。

イギリスの植民地支配がザンジバルに残した遺産、それは、深い民族間の対立と亀裂《きれつ》であった。しかし、歴史を検証すれば、このような亀裂は、帝国主義的分断支配を受けたすべての地域に存在するといってよい。たとえば、アンゴラ、スーダン、ソマリア、ルワンダ、ブルンジ……。そこに繰り広げられている民族の対立と抗争は、植民地支配の歴史ぬきには説明できない。そうした歴史遺産の矛盾がいちはやく噴出したのが、ザンジバルだった。アフリカ系住民が圧倒的多数を占める国家を、アラブ系主導の政府が治めるという矛盾が、革命という形で火を吹いたのだ。

ザンジバル革命

革命は、一九六四年一月十二日未明に勃発《ぼっぱつ》した。その前後の状況を、実際に革命を指揮したジョン・オケロの手記から引用してみよう。

「一月十一日の土曜の夜だった。祭りの日とあって、ストーン・タウンは大勢の市民であふれかえっていた。その中に、新政権を混乱に陥《おとし》れる機会をねらって、千人ほどの男たちがまぎれこんでいた。しかし、夜が明ける前に、自分たち自身が支配者になるか、さもなくば死体となっていることを知っていた者はほとんどいなかった。それを知っていたのは、ごくわずかの人物だけだった。……

タウンのはずれにある広場では、物売りの声や子供の声が飛び交い、祭りの気分が盛り上がっていた。日没近くなると、朝からの期待が解き放たれて、人びとの気持ちも高揚《こうよう》してゆく。役人も、日没後には、タウンへの道路封鎖を解いた。しかし、われわれがココ椰子やクローヴの林の中で訓練した男たちは、すでに道路封鎖をかいくぐってタウンにもぐりこんでいた。ひそかに棒や槍《やり》、あるいはハンマーやナイフをかくし持って。……

われわれは、事前に襲撃目標を決めていた。武器が保管されている警察署と監獄、通信手段を確保するための放送局、タウンの外にある軍隊の駐屯所《ちゅうとんじょ》、などが目標となっていた。目標別に指揮官と兵士が配置されていた。……

真夜中を過ぎた頃、指揮官と兵士は、それぞれの目標にむかって移動をはじめた。戦闘は、十二日の午前三時きっかりに開始された。わたしは、ゆっくりと警察署をめざした。人に出会う危険はほとんどなかったが、それでも用心して裏道を選んだ。……」

（ジョン・オケロ『ザンジバル革命』、一四〇－一四六頁）

戦闘は、三時間足らずで終結した。オケロは、誇らしげに書き記している。何世紀にもわたった抑圧が、自分の指揮する革命によって終焉《しゅうえん》した、と。

ザンジバル革命には、事実関係で、今なお不明な点が多い。そもそもオケロはウガンダ人である。そのウガンダ人が、なぜザンジバルで革命を引き起こすことになったのか。いや、初代大統領になったカルメこそ本当の黒幕《くろまく》だったのだ、という説も浮上している。確かなことは、アラブとイギリスによる二重の支配下で民族的に目覚めたアフリカ人が、アラブ人主導の政権を、もはや容認することができなかった、ということである。

革命によって、独立という歴史の節目《ふしめ》をかろうじて生き抜いたかに見えたザンジバルの王制は、支配層もろとも完全に姿を消した。王族は宗主国《そうしゅこく》だったイギリスに亡命、旧支配層のアラブ人たちは、殺害されるか国外に逃亡した。アラブ系の政党を支持したペンバ島のシラジ人たちへの報復も、暴力的に行われた。歴史に仮定は禁物だが、もしシラジ人がアフリカ人との共闘を選択していたなら、革命は起きなかったかもしれない。そう考えると、シラジ人の政治的選択が、ザンジバルを流血の島へと変えたということもできるだろう。

革命によって、五千人とも八千人ともいわれる人びとが虐殺された。インド人商人は、革命政権の直接的な標的にはならなかったが、混乱を極めるザンジバルに見切りをつけて、多くがボンベイ（ムンバイ）やダル・エス・サラームやナイロビへと移住した。

こうしてアラブ人もインド人も、その主だった人びとは、ザンジバルの笛の舞台から消えていった。ヴィクトリア湖畔からやってきて革命に火をつけ、半年後にはザンジバルから姿を消したオケロは、もしかしたら、湖水にまで響き渡った笛の残響《ざんきょう》だったのかもしれない。

かくして、アフリカ人を主体とする新しい革命政権の下に、大統領を首長とする共和制国家が誕生する。「シラジ時代」、「ポルトガル時代」、そして「ウスタアラブの時代」を経て、ようやくザンジバルのスワヒリ社会は「アフリカの時代」に突入したともいえよう。

このような政治的変革のなかで、さらにザンジバルの運命を左右する重大な政治的決定がなされる。それは、ザンジバル人民共和国が、タンガニーカ（一九六一年独立、翌年共和制に移行）と連合し、新しい国名のもとに連合共和国として歩みだす決定である。こうして、現在のタンザニア連合共和国が出現した。一九六四年十月のことであった。

第二部❖スワヒリ社会の女性と文化

はじめに

スワヒリ社会の男たちの間に、ある時期、次のような流行唄《はやりうた》がひろまった。

ペンバ　ペレンバ　よく見ておきな
行きは腰布《こしぬの》ひとつでも、帰りはターバン巻いてるよ
行きはターバン巻いてても、帰りは腰布ひとつだよ

ペンバとは、ザンジバル島北方のペンバ島。ペレンバは、「後をつけて、しっかり見張る」といった意味。ふたつが、語呂《ごろ》合わせのように使われている。腰布は、スワヒリ語で「ウィンダ」と呼ばれる男性用の着衣。ターバンは、「キレンバ」と呼ばれる男性の頭かぶり。

この唄の意味を理解するには、まずウィンダが本来は男性奴隷用の腰布であったこと、それに対し、一方のキレンバが上流階層に属するアラブ系の男性が着けていたターバンであったという歴史的背景を知らねばならない。そうすると、腰布は「貧乏人」を、ターバンは「金持ち」の暗喩《あんゆ》として使われていることがはっきりする。

しかし、なぜ、金持ちに浮上する者と、反対に貧乏人に転落する者がいたのか。それを解き明かす手がかりは、ペンバ島の経済状況にある。

このような戯《ざ》れ唄が流行したのは二十世紀初頭。その頃、ペンバ島は、クローヴ生産で活気づき、ザンジバルの解放奴隷たちは、いさんでペンバ島に出稼ぎに行った。もちろん腰布ひとつである。一方、アラブ人は、ペンバ島の地主からクローヴ農園を借り切り、儲《もう》けをたくらんで一シーズンの投機に手を染めた。こちらはターバンをつけている。結果はどうか。

出稼ぎ労働者は、しこたま儲けてもどってきた。ところが、投機家はしばしば大損をする。年ごとのクローヴの相場《そうば》が、北海道の小豆《あずき》相場のように予測不可能だったからである。腰布をつけた貧乏人がターバンを巻いた金持ちに、ターバンを巻いた金持ちが腰布だけの貧乏人に成り下がっても不思議はない。

一八九七年の奴隷制廃止まで、奴隷が富裕層《ふゆうそう》にのしあがる、などということは想像すらできなかった。それが、夢ではなくなったのだ。

この流行唄《はやりうた》は、奴隷制廃止後のザンジバル社会に起こった、目を見張るような大きな変化を伝えてはいまいか。

第一章　踊り・歌・成女儀礼

レレママ・ダンサー
（1993年撮影）

1 踊る女性たち

レレママ

一九九三年夏、わたしは「レレママ」という舞踊グループのルーツを探《さぐ》るため、ストーン・タウンを歩き回っていた。

レレママに関心を抱いたきっかけは、シュトローベルの著書『モンバサのムスリム女性』である。その中に、「踊る女性たち」（レレママ）に関する興味深い記述があったのだ。それがザンジバルから伝えられた踊りらしいことを知って、はるばるストーン・タウンにやってきたのである。

ザンジバル起源の「踊る女性」、「踊る集団」というテーマが、いかにも面白《おもしろ》そうである。いつ頃、だれによって、何の目的で発足した舞踊グループなのか。そもそも、どのような踊りなのか。その内容も知りたい。

わたしは道行く女性に声をかける。「レレママ」を知ってますか。誰にたずねても、答えは「ハパナ」（いいえ）。レレママはもうザンジバルから消えてしまったのか。ふと国立舞踊団の知人の顔が、頭に浮かんだ。彼女なら、何か手がかりを見つけてくれるかもしれない。

勘《かん》は的中した。話はとんとん拍子に進み、国立舞踊団が伝承するレレママの踊りの一部を見せてもらうことになった。

場所は、街はずれの遊園地の中にある野外劇場。その日はイスラームの断食月《だんじき》にあたり、園内に人影はない。観客はわたしひとり。男性の楽団員が陣取《じんど》る舞台のそでに座る。乾いた風が、吹き抜けてゆく。七月の昼下がり。季節は乾季。

踊り手がやってきた。二十―三十代の女性十五人。普段着《ふだんぎ》のワンピースに、青や赤や黄色の花柄模様の布（カンガ）を腰に巻いて勢ぞろいする。

太鼓のリズムとともに、踊りが始まった。踊り手は、一列に並び、立ったり座ったり、顔や首や手のしぐさに意味をこめるように身体を動かす。踊りというよりパントマイムのようだ。腰の動きを特徴とするアフリカ系の踊りとは、全く違う。

奇妙な手足のしぐさは、いったい何だろう。わたしは、かたわらで太鼓を叩いている楽団員に訊《たず》ねた。すると、女性が化粧をしたり、顔を洗ったりするしぐさだ、という。

踊りが終わったところで、早速、質問した。踊り、というよりも、女性としてのたしなみや作法を教える教則本を、そのまま演技していることはわかった。しかし、歴史的背景については、どうも要領を得ない。あれこれ訊ねるうち、かつて踊り手であった女性がいる、その女性なら詳しいに違いない、という話になった。

それから数日後、報《しら》せが入った。その女性に連絡がついたという。名前は、アミナ・マパンデ。インタヴューの日取りも決まった。

レレママ・ダンス　(1993年撮影)

アミナ・マパンデ

アパートの狭い階段を四階まで上る。日が落ちて、夜風が心地よい。ジャンボ、ジャンボ、カリブ(こんにちは、こんにちは、ようこそ)……。踊り場で、子供たちの出迎えを受け、部屋に通された。靴を脱ぎ、ココ椰子の繊維で編んだカーペットの上に座る。部屋の隅のベッドに、色鮮やかな布《カンガ》をまとった老女が腰かけていた。それが、アミナ・マパンデだった。年齢は七十五歳だという。

質問を向けると、アミナは、わたしの横に座り、ぽつりぽつり、レレママの話をはじめた。一日の断食を終えてくつろいでいた息子夫婦も、興味深げに耳をそばだてる。

「……昔は、女なら誰でも踊った。わたしの祖母《おばあ》さんも母《かあ》さんもね……。レレママとはね、ママ(母)が娘をしつける、という意味……。もともとは、ハレムの女たちの踊りだったと母《かあ》さんが話してた。召使なんかがしょっちゅう見ていた。それで、いつのまにか見よう見真似《みまね》で覚えちゃったんだね。それが、わたしたちのレレママのはじまりというわけ……。バラ(アフリカ内陸部)の女も、アラブの女も、みんな一緒になって踊ってた……。

レレママはンゴマとも呼ばれてね……。ンゴマ? そう太鼓のこと……、三つの太鼓と笛、それにドラムカンでね……太鼓は男がたたいて、歌は、女……踊りも女ね。座ったまま踊るんだよ。上品なんだ……。土曜の夜とか結婚式で、よく踊ったもんさ……。」

「……一九五〇年ころ、ふたつのグループがあってね。ウングジャ（ザンジバル）のヌルと、バラのベリナ。ヌルの方が大きくて二百人ぐらい、いやもっとたくさんいたかな。
実はね、ヌルはベリナから分かれたのさ。その原因はシアサ（政治）さ。バラの人は、アフロ・シラジ党を応援してたからね、ザンジバル・ナショナリスト党を応援するグループがヌルをつくったんだ……。こちらにはアラブやシラジがいた。
……恐ろしいほどだったね、ヌルとベリナの競争は。ヌルがランプを五十個つければ、ベリナは二百個ってぐあいにね。歌もすごかったよ。誰それが、浮気してるとか……それをすっぱぬいたりして……要するに、選挙がらみさ……。」

「グループには、リーダーのクイーンがいて、その下にアシスタント……。その他には、書記と会計係がいたね。もちろん、女だけだよ……。クイーンになるのは、それは大変なことだったよ……。ヘシマ（尊厳）がないと選ばれない……。だけど、だんだん、踊り手が減って……、踊る回数も少なくなった……。」

「皆、お金を出すのをいやがるようになってね……、なにしろレレママは、お金がかかりすぎる。それに、若い娘《こ》もこなくなって……。だけど、ほら、ゴシップを歌にしたりするあのタアラブのミパショね、あれは、もとはといえば、レレママがはじめたことなんだ……。」

アミナの話は、時々とぎれた。そして、目を細めてじっと考える。記憶の糸をたぐりよせるかのように。

遊び疲れたのだろうか。いつのまにか、子供たちは寝てしまった。帰り支度をしていると、部屋のすみからアミナが自分で編んだバスケットを持ってきた。みやげにくれるのだという。断食月の招かれざる客ではなかったかと案じていたわたしは、ほっと胸をなでおろした。彼女の心遣《こころづか》いがうれしかった。

女性史の断面

宿にもどると、わたしはさっそくノートの整理にかかった。レレママの概容《がいよう》が、しだいに見えてくる。いくつかのポイントにまとめてみた。

第一に、レレママの起源。おそらく十九世紀に、沿岸部の身分の高いアラブ人女性の屋内遊戯として始まったらしいこと。

第二に、奴隷制廃止（一八九七年）後のある段階で、アラブ人も、シラジ人も、奴隷の末裔《まつえい》も参加できるようなレレママの展開が見られたこと。

第三には、ナショナリズムの高揚の中で、レレママの組織に分裂が生じたこと。その背景には、政治運動がらみの民族対立が存在した。

第四に、レレママという踊りを介して、女性たちが政治キャンペーンを、いわば公然と行っていたらしいこと。

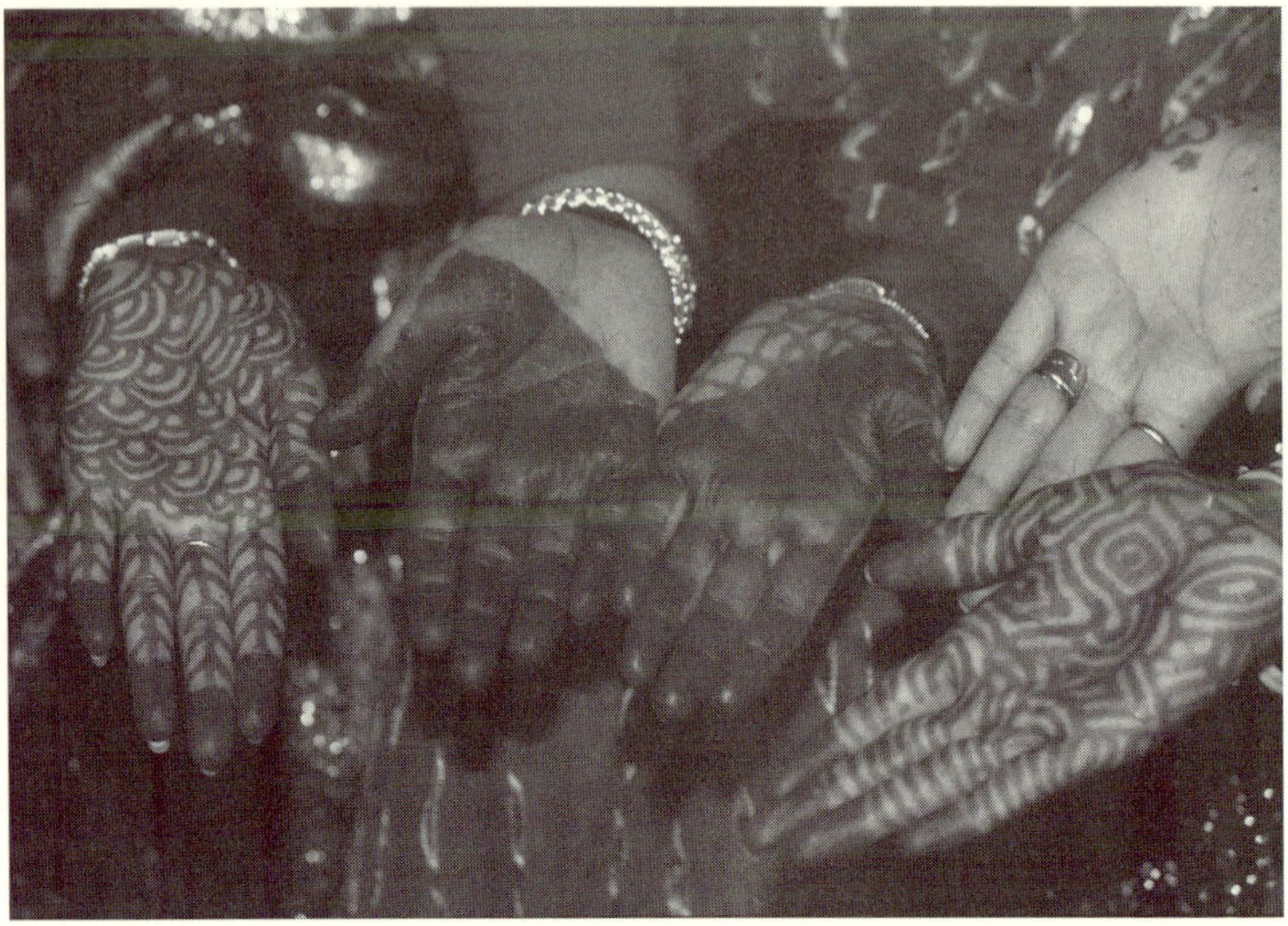

ヘンナ（スワヒリ語ではヒナ）で化粧をした娘たちの手
（1988年撮影）

整理がすすむにつれ、レレママという女性集団の動きをとおして、ザンジバル女性史の隠された断面が浮かび上がってきた。

レレママの女性たちは、「踊る女性」の姿を借りて、民族の壁や階層の壁に大きな風穴《かざあな》を開けているのだ。それは、真近に迫った独立に向けての政治闘争の中で、一時揺れ戻されはするが、ひとたびつき崩された垣根が、もとの高さにもどることはなかったにちがいない。

新しい時代の流れは、女性たちを以前とは全く異なる女性に変身させつつあったのである。そのことがレレママの歴史を通して見えてきたことに、わたしは心を揺さぶられる思いがした。

2　大衆文化の出現

タアラブ

スワヒリ音楽といえば、タアラブである。タアラブは、結婚式や祭りには欠かせない。

ストーン・タウンの中学校の体育館。わたしは、タアラブの演奏がはじまるのを辛抱《しんぼう》強く待っていた。会場は、長かった断食《だんじき》明けの祝日をおもいきり楽しもうと、着飾った老若男女であふれかえっている。午後七時という開演時間はとっくに過ぎ、舞台では、見なれぬ形の楽器を抱えた男たちが、音合わせに懸命である。

ようやく前奏がはじまった。騒然《そうぜん》としていた会場が静まりかえる。観客の目がステージに集中する。登場したのは、真紅のドレスをまとった女性歌手。神に祈るがごとく両手を広げ、天を仰《あお》ぎながら歌いはじめる。導入部なのだろうか、スローテンポである。期待感が会場に拡がる。張りつめたような空気……。と、その時突然、歌は歯切《はぎ》れの良いテンポに変わった。それを待っていたかのように、観客は、身体でリズムをとり、手拍子《てびょうし》を打ち鳴らす。歌手と聴衆が一体になる。

突然、聴衆のひとりが、勢いよく舞台にかけのぼった。手には百シリング札が握られている。それがそしらぬ顔で歌い続ける歌手の手に渡る。十シリングあれば昼食が食べられるこの国で、百シリングは大金だ。その百シリングが、この日ばかりは、無造作《むぞうさ》に飛び交う。

歌手や演奏者は、必ずしもプロではない。お役所で働く公務員もいれば、町の大工さんや魚屋さんもいるという。どこか、のど自慢大会と似ている。キーボード奏者が、観客の中に顔見知りをみつけて舞台からしきりに手を振っている。固苦しくないところが良い。誰もがタアラブを心からエンジョイしている。

「タアラブ」の語源は、アラビア語の「タラブ」だという説がある。タラブは、喜びや楽しみを意味する言葉。それが、スワヒリ風に訛《なま》って、タアラブとなったというのである。

タアラブは、もとをたどればアラブの民族音楽である。それが、東アフリカ沿岸部の人びとの間にひろまり、いつのまにか大衆文化の中心にしっかりと根を下ろしてしまった。男性歌手もいるが主役は何といっても女性歌手である。華《はな》やかな衣装で舞台を盛り上げる。

レレママの話から、タアラブにきて、わたしは再び考え込む。どのような経緯をたどってタアラブに女性が登場し、主役になったのか。

王室とアラブ音楽

タアラブの歴史を辿《たど》ってみる。タアラブ研究者によれば、ザンジバルにアラブ音楽を導入したのは、バルガッシュ王（在位一八七〇－一八八八年）であったという。音楽好きだった王は、ハープ奏者をカイロから招聘《しょうへい》し、楽団の育成を委《ゆだ》ねたのである。彼は、ただちに仕事にとりかかり、楽器をカイロから取り寄せた。ハープの一種である「カヌーン」、ギターの原型といわれる「ウード」、フルートの仲間である「ナイ」、タンバリンの「ダーフ」、太鼓の「ドゥンバク」、バイオリンと同類の「カマンジャ」。いずれもエジプト起源の楽器である。

一年半におよぶ訓練の末、ようやく楽団が誕生した。初めての演奏会は一般にも公開され、大勢の聴衆が楽しんだという。タアラブは、しだいに、宮廷音楽として定着してゆく。

そのような中で結成された楽団が、「ナディ・アフワン・アル=サファー」であった。一九〇五年のことである。メンバーはすべてアラブ系の男性、歌詞はアラビア語、聴衆もアラブ系の富裕層に限られていたという。

その後いくつも楽団が生まれたが、アラブ系の男性が主導する楽団であった点では似たりよったりだった。こうした状況に一大変革が起こる。天才女性歌手シティ・ビンティ・サアドの登場である。

天才女性歌手の登場

シティ・ビンティ・サアドは、一八八〇年頃、ザンジバル西南部の貧しい農家に生まれた。父親は農業、母親は壺《つぼ》つくりを仕事にしていた。ふたりとも、内陸部出身のアフリカ人である。シティは、幼い時から、母親の作った壺を背負って町にゆき、それを売り歩いて家計を助けた。読み書きもできないままに成人する。やがて、町の男と結婚し一女をもうけるが、どうしたわけか、夫と娘を町に置いたまま故郷の村に舞い戻り、再び、壺売りの生活を始める。

天才歌手　シティ・ビンティ・サアド

このような生活の中で、シティの心は、揺れ続け、やがて、再び家を出る決心をする。一九一〇年、シティ三十歳ころのことであった。ストーン・タウンでシティは二度目の結婚をしている。そこでは、シティの運命を大きく変える出会いが待っていた。家事の合間《あいま》に歌うシティの美声が近所の評判になり、あるウードの奏者に見出されたのである。本格的な歌手としての訓練がはじまった。それを機会に、二度目の夫とも別れた。

訓練が終わるころ、シティを中心とした楽団が結成される。それは、これまでの男性中心の楽団とはちがう、女性を含めた新しいスタイルのタアラブ楽団であった。シティの美声は、またたくまにスワヒリ沿岸部にひろまり、さらに、海外にも鳴り響いた。一九二七年には、アメリカのコロンビア・レコード会社が、シティのレコード制作に乗り出している。

天才歌手シティは、身近な日常をスワヒリ語で歌うことによって、大衆の心をつかんだ。シティの登場によってタアラブは一般大衆に解禁されたのである。その結果、一九四五年には、楽団が一挙に五つも結成されている。もちろんその中には女性の楽団も含まれていた。

タアラブが辿《たど》った変化は、アラブ＝エジプト音楽のスワヒリ化ということができるだろう。それが、最下層に属する女性歌手によって成し遂げられたのである。シティは、男性によるタアラブ支配を突き崩すとともに、タアラブの大衆化を通じて階層間のギャップを埋めるエネルギーをスワヒリ社会に与えたといえるだろう。

ところで、アミナの話に登場したレレママの「ミパショ」が、タアラブの中にさかんに採り入れられるようになったのは、独立後のことである。政敵のゴシップが歌に盛り込まれ、それが、殺傷沙汰《さっしょうざた》にまで発展したこともあった。政府がたまりかねて介入し、一時期、歌詞の検閲《けんえつ》制が導入されたこともあったという。

シティは、一九五〇年、その波瀾《はらん》に富んだ生涯をザンジバルで終えた。

3　成女儀礼

ウニャゴ

はじめて「ウニャゴ」という言葉を耳にしたのは、レレママを調査していた時だった。レレママを知らない女性が、それは「ウニャゴ」のことではないか、と問い返してきたのである。「ウニャゴ」とは何なのか。心あたりの文献を調べてみた。やはり、シュトローベルが書いている。

「十九世紀末から二十世紀初頭にかけて、モンバサ社会で広く行なわれていた通過儀礼のひとつにウニャゴと呼ばれる成女儀礼があった。当時は、マクングウィ（単数はクングウィ）と呼ばれる奴隷女によって行なわれていたが、現在（一九七〇年代—筆者注）、儀礼の意味はすっかりなくなり、もっぱら結婚式のダンス・グループとして生き残っている。このマクングウィ・アソシエーションには、四つの役職が設置されており、この役職に就くことは、女性の社会的地位の上昇や名誉と深く関連している。奴隷出身の女性もメンバーになることができ、地位の低い女性に社会的地位の向上の機会を与えている。」

（シュトローベル『モンバサのムスリム女性』、一九六—二一六頁参照）

ウニャゴのリーダー　ファトマ・ビティバラカ
たたいているのは儀式用太鼓。　(1993年撮影)

これは、モンバサのウニャゴである。ザンジバルではどうなっているのか。気にはなりながら、他の調査に時間を費やしていたある日、新聞を見て驚いた。ひとりの女性が公衆の面前でウニャゴの儀礼を行ない、警察に逮捕されたというのである。逮捕された女性の名前はファトマ・ビティバラカ。わたしは、その名前をノートにメモすると、さっそく知人を介して、彼女に会った。年齢は六十歳前後。あとで知ったのだが、タアラブの歌手としても有名で、日本公演やイギリス公演の経験もある。

新聞記事について尋《たず》ねると、威勢《いせい》のいい答えが返ってきた。警察など少しも怖くはない、というのである。そういいながら、ウニャゴに使用する腰布や太鼓をベッドの下から引きずり出してくる。警察沙汰になるぐらいだから、ウニャゴの聞き取りは難しいのではないかと半ばあきらめてもいたわたしは、それを見てひとまずほっとする。

彼女によれば、ウニャゴとは、女性による女性だけの教育儀礼である。初潮《しょちょう》を迎えた少女（ムワリ）を成人女性へと変身させる。期間は七日間。その間に、段階をふみながら性教育が行なわれる。

第一段階は、女性としてのみだしなみ、基本的な第二段階は、男女間の作法、とりわけ夫婦間の性技《せいぎ》に関する教育。
その模擬《もぎ》実習。歌と踊りを通して、第一段階で教わった男女間の作法と夫婦間性技を
反復する。

第三段階は、成女教育が終了したことを公表し、示威《じい》する行進。太鼓を先頭に、色とりどりのこうもり傘を手に、女性たちは歌いながら一キロほどを、ゆっくりと練《ね》り歩く。傘は、鳥のつばさを象徴し、鳥は女性を意味していた。

ウニャゴの概要がつかめると、わたしの関心は、その歴史に移った。

スワヒリ化のプロセス

ザンジバル・ウニャゴの歴史は、そのスワヒリ化のプロセスとひとつになっている。その経緯について、文化省に勤務するバカリ氏から次のような話を聞いた。

……ウニャゴとは、タンザニア南部の母系社会出身の奴隷によってザンジバルにもたらされた成女儀礼の一般的呼称である。奴隷の慣習だったため、長い間、スワヒリ社会の女性が参加することはなかった。それが変わってきたのは、母親たちが、娘の性教育に関心を持ちはじめたからである。母親の中には、娘を密《ひそ》かにウニャゴに参加させる者も出てくる。このようにして、ウニャゴは次第にスワヒリ社会に普及しはじめた。

一八九七年、イギリス保護領下で奴隷制が廃止されると、ウニャゴは公然と行われるようになる。とりわけ、一九〇二年に即位したアリ・ビン・ハムード王の開放的な文化政策の下で、ウニャゴは一気にスワヒリ社会に定着した。一九二〇年代になると、王族の中からもウニャゴに参加する女性が現れるようになる。

……ウニャゴの儀式を修了した少女たちは、パラソルを片手に公道を行進する。少女たちは、精一杯のおしゃれをして、結婚の資格を得たことを公的に表明するのだ。こうしたウニャゴを統率する組織は、次第に整備され、役職が設置されて、それが下層の女性に社会的地位向上のチャンスを与えた……。

奴隷の文化が、上層の女性を巻き込み、スワヒリ文化としてひろく定着してゆく歴史過程が見えてくる。

これと同じ構図が、レレママにもタアラブにも見られる。違いは、ベクトルの方向だけだ。レレママとタアラブは上層文化が下層へ浸透し下降してゆくベクトルの事例であり、逆にウニャゴは下層文化に上層の女性が参加してゆく上昇ベクトルの事例である。こうした二つのベクトルのダイナミズムが、奴隷制廃止後の脱階層的な都市的文化を形成していったのではないか。それは、十九世紀のウスタアラブとは異なる、新たなスワヒリ文化の出現であった。

現在、ウニャゴは前近代的な遺風とみなされ、消滅しかけている。その儀礼の核心である性教育にも、若者は関心を示さない。ウニャゴもまた、レレママと同じくひとつの歴史的使命を終えつつあるということになるのだろうか。

4 平服の登場

カンガとブイブイ

ストーン・タウンの都市文化を脱階層的と表現したが、そのことに関連して、スワヒリ社会の服装についても、ひとこと触れておくことにする。

ます、カンガ（スワヒリ語でホロホロ鳥の意。その羽の模様をあしらった絵柄《えがら》からこの名がついたといわれている）という女性の日常着から説明しよう。

カンガは、縦百十センチ、横百六十センチの長方形の綿布である。布のまわりに、十五センチほどの幅で模様がめぐらされている。中央部にレイアウトされているのは、赤、青、黄、緑といった原色の派手な絵柄である。通常、二枚一組で売られ、使用される。

カンガの特徴は、その絵柄の中に、スワヒリ語の格言が記されていることである。よく知られた格言を抜き出して見よう。

「うるさくしないで！」（USINISUMBUE）
「うそつきの道はみじかい」（NJIA MWONGO FUPI）

「ねらうとあたらない」（KULEKEZA SI KUFUMA）
「悪いことをする人は終わりも悪い」（MUTEKA KILEMA HANA MWISHO MWEMA）
「妊娠は仕事ではない、子育てが仕事」（KULEYA MIMBA SI KAZI : KAZI NI KULEYA MWANA）

スワヒリ社会では、イスラームの祝祭に合わせて、夫から妻へ、母から娘へ、恋人から恋人へとこのカンガが贈られる。どのようなカンガを贈るか。贈る側も、贈られる側も、絵柄とともにこの格言には気をつかう。ところで、衣服の話は言葉より、見る方が分かりやすい。スケッチしてみたので合わせて参照されたい。素人《しろうと》のてすさびの絵で申し訳ないが。

まずカンガの着用方法。かつては、二枚のカンガを使って身体をおおっていたが（図1）、最近ではワンピースやスカートの上に一枚のカンガを腰に巻く。それが、とてもよく似合う。見ていて、楽しい風景である。

既婚のムスリム女性の場合、外出時に、カンガの上にブイブイをはおる。ブイブイとは、真っ黒の布で縫製《ほうせい》された外套《がいとう》である。スワヒリ語の意味は、昆虫の「蜘蛛《くも》」。その姿が、蜘蛛のようだからであろう。最近、着用する女性が減ったが、このブイブイで頭から足元までをすっぽり覆《おお》えば、敬虔《けいけん》なムスリム女性とみなされる（図2）。

ついでに、男性の衣服についていえば、女性のカンガやブイブイに相当するのは、カンズとコフィアである。カンズは、足首までの白い木綿の貫頭衣《かんとうい》、コフィアは縁《ふち》無しのムスリム帽である。コフィ

Kofia
コフィア
Kanzu
カンズ
図 3

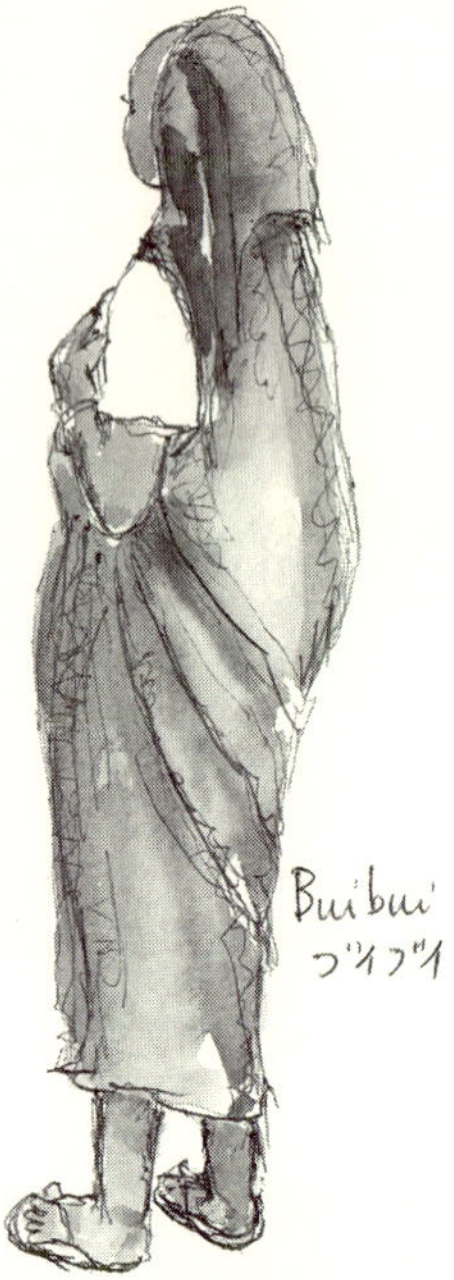
Buibui
ブイブイ
図 2

Kanga
カンガ
図 1

Slave woman
(1860s)
Kaniki
カニキ
図 5

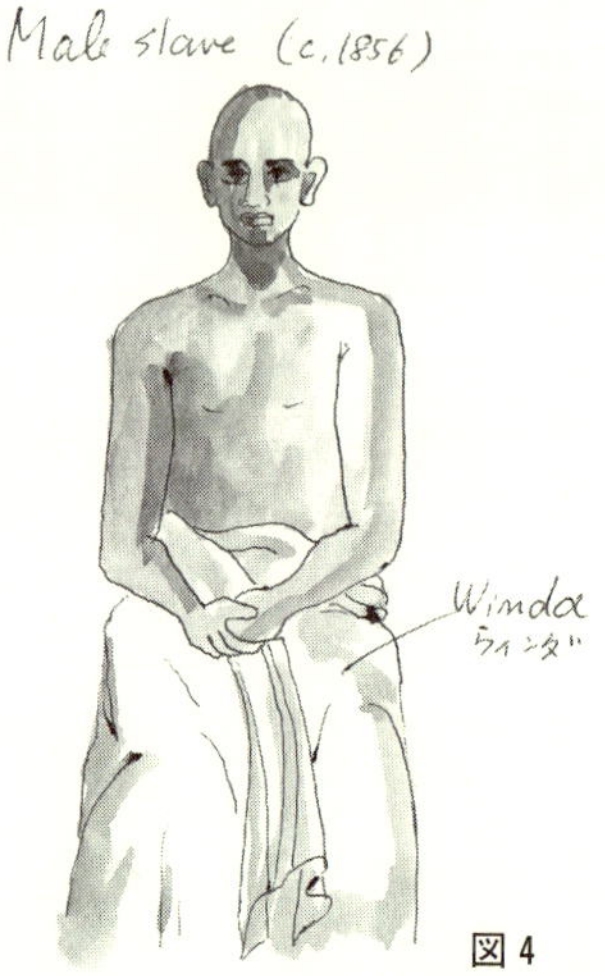
Male slave (c.1856)
Winda
ウィンダ
図 4

アは日常的に、カンズは主に祝祭やモスクでの礼拝の際に着用される（図3）。

ザンジバルで考案されたカンガ（スカーフ用の布を縫い合わせたのがはじまりとされている）やブイブイ、そしてアラブ起源と思われるカンズやコフィアが、急速にスワヒリ社会に普及したのは、奴隷制廃止後のことである。かつての奴隷が、競うように着用しはじめたからである。それは、身なりや衣服が地位や身分を表象《ひょうしょう》していた時代が、このころ大きく変わりつつあったことを示している。

ちなみに、大阪を拠点とした日本の繊維メーカーも、一九二八年からごく最近に至るまで、このカンガの製造・輸出にしのぎを削《けず》っていたことが知られている。

腰布とターバン

奴隷制廃止以前、スワヒリ社会の人びとはどのような衣服を着ていたのだろうか。古い写真集や古文書館に保管されている資料から抜き出してみよう。

まずは奴隷。男奴隷は、アメリカ産木綿《もめん》（メリカニ）の腰布（ウィンダ）（図4）、女奴隷は、同じくアメリカ産の木綿を紺または黒に染めた一枚の布（カニキ）で胸から下を覆っていた（図5）。

次に、一般のスワヒリ社会の人びと。男性は未縫製《みほうせい》の貫頭衣《かんとうい》（カンズ）と縁無《ふちな》し帽（コフィア）（図6）、女性はウカヤと呼ばれた薄手《うすで》の布（青や黒のモスリン、または絹）で頭から全身をすっぽりと覆った（図7）。

そして、下層民との差異化のために、暑い気候や風土にそぐわない衣服をまとったのが、上層の人

Swahili Woman
Free born
(1860s)
Ukaya
ウカヤ

図 7

Swahili man (1850s)
Kofia
コフィア
未縫製カンズ

図 6

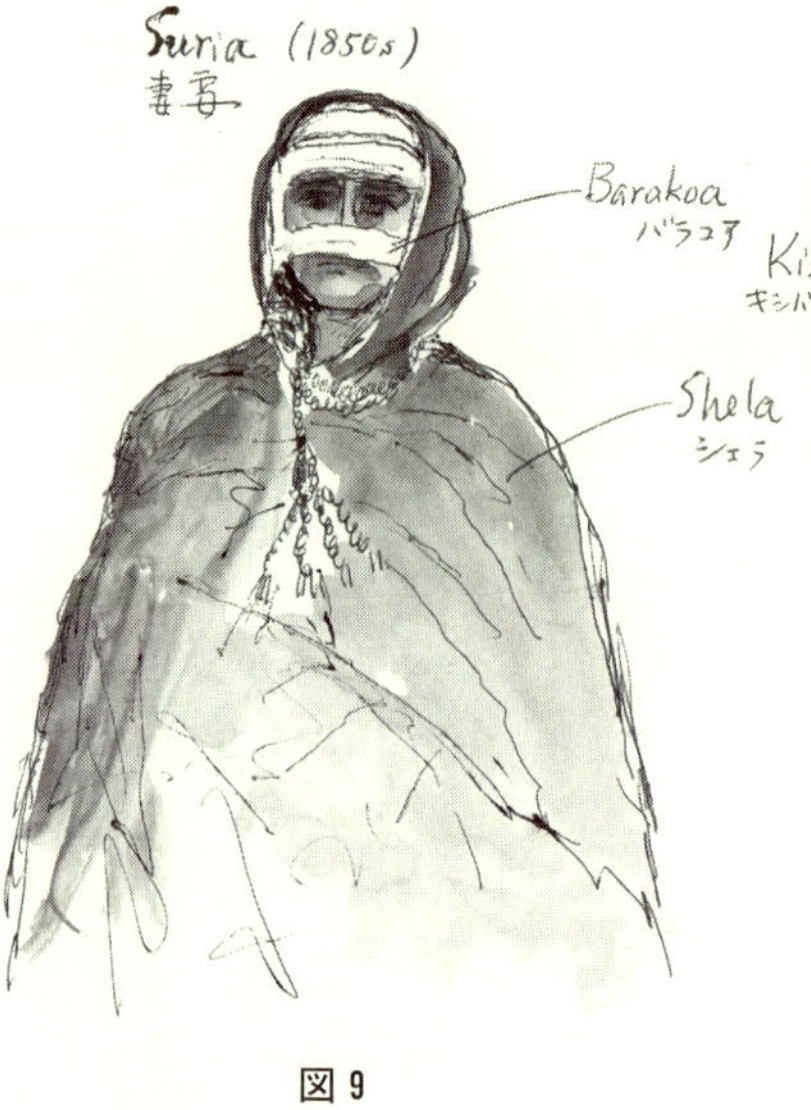
Suria (1850s)
妻妾
Barakoa
バラコア
Shela
シェラ

図 9

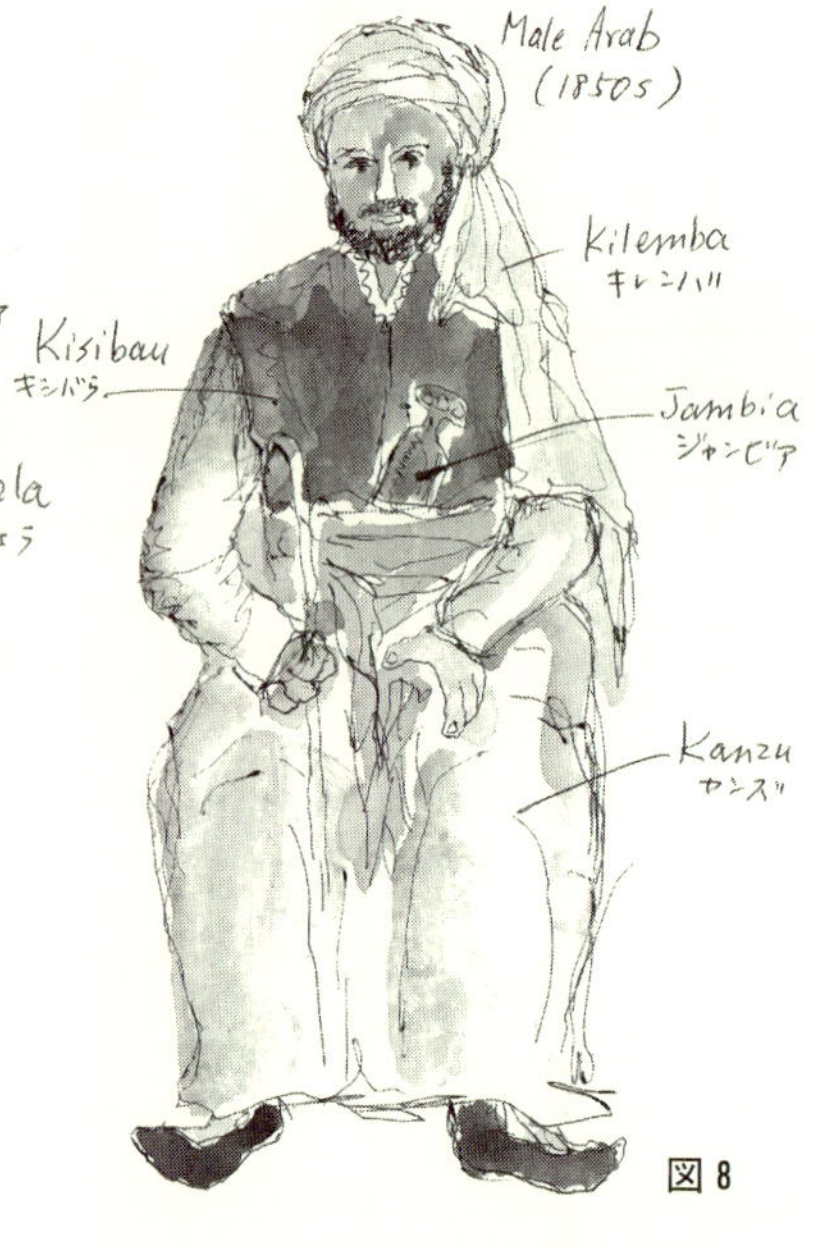
Male Arab
(1850s)
Kilemba
キレンバ
Kisibau
キシバラ
Jambia
ジャンビア
Kanzu
カンズ

図 8

図10

図11

びとである。男性は、キレンバ（あるいはジュバ）と呼ばれるターバンと貫頭衣（カンズ）、その上にキシバウと呼ばれるベストをはおり、腰には短刀（ジャンビア）を差していた（図8）。女性は、外出する時には、マスク（バラコア）で顔を覆《おお》い、黒い正方形のシェラと呼ばれる布で全身を覆ったらしい（図9）。

さらに身分の高い王族や貴族ともなると、より手の込んだ衣服を着用した。男性は、カシミア製のターバン（キレンバ）を頭に巻き、貫頭衣（カンズ）の上にはジョホと呼ばれる豪華《ごうか》な上着を着用する。もちろん腰にはジャンビアを差して威厳《いげん》を高める（図10）。これは、現在のオマーン男性の正装と寸分《すんぶん》変わらない。

王妃や王女たちは、時と場合によって、さまざまな衣服を使い分けていたと思われる。たとえば、縫《ぬ》い取りのある高価なマス

カンガ（110×160センチ） プリントされている格言（SUBIRA INA MALIPO）の意味は「待てば海路の日和」

ク（バラコア）に、アラブ起源と思われるひざ下までの長衣やケープなどをまとい、その下にフリルつきのズボン（マリンダ）を着用するのもその一例である（図11）。

衣服による差異化には、以上のような形や素材の違いの他に、もうひとつ仕掛《しか》けがあった。「着用の禁止」である。その典型が、コフィア（男性）とヴェール（女性）であった。頭を覆うことは、身体を覆うことと同様に、イスラームへの帰順、身分の高貴さ、富の表象であったから、奴隷は着用を禁止されていたのである。

ウィンダとキレンバを「貧乏人」と「金持ち」の暗喩《あんゆ》として織り込んだ冒頭の流行唄《はやりうた》も、そうした「禁止」が社会的にいかに機能していたかを示していておもしろい。

第二章　スワヒリの社会と宗教

ストーン・タウンの聖者廟（アラウィーヤ）　(1991年撮影)

1　少数派の選択

民族の顔写真

　ザンジバルの古文書館で、ある日、珍しい写真のファイルに出会った。イギリス植民地時代に、誰かが撮影《さつえい》したに違いない人物写真、ザンジバル島在住のさまざまな民族の顔写真であった。写真の一枚一枚に民族名が記されている。数えてみると十七枚。興味をひかれるまま、民族ごとに並べてみた。

A　アラブ系――オマーン・アラブ、ザンジバル・アラブ、ハドラマウト・アラブ、コモロ・アラブ

B　東アフリカ系――ソマリ人、スワヒリ人

C　インド系――パールシー、ヒンドゥー、シク、イスナーシェリ・ホジャ、イスマイリ・ホジャ、シンハリ人、ゴア人

D　その他のアジア系――中国人、日本人

E　ヨーロッパ系――ヨーロッパ人

並べながら、あることに気がついた。AとBは、民族の出生地とぴったり重なる。ところが、Cのインド系となると、パールシー（ゾロアスター教徒）、ヒンドゥー（ヒンドゥー教）、シク（シク教）、イスナーシェリ・ホジャ（十二イマーム派）、イスマイリ・ホジャ（イスマイリア派）、シンハリ人（仏教）、ゴア人（カトリック）、つまり、ほとんどが宗教別分類とでもいえそうな人物写真ばかりなのである。

Dのアジア系のうちチャイニーズと記された人物については、多少思いあたる節があった。ストーン・タウンのはずれに、乾燥ナマコの輸出に従事している中国人の数家族が、まとまって住んでいることを知っていたからである。おそらく、写真の中国人はその関係者なのであろう。

しかし、正直いって、和服姿の日本人女性の写真を目にした時には、ほんとうに驚いた。このザンジバル島に、どのような経緯から、日本人女性が住みつくことになったのか。

その経緯について、すぐにはわからなかったが、のちに白石顕二氏の『ザンジバルの娘子軍《からゆきさん》』や青木澄夫氏の『アフリカに渡った日本人』を読み、明治期から大正期にかけて、少なくとも十二人の日本人がこのザンジバル島に居住していた事実を知った。その内訳《うちわけ》は、男性二名（入歯《いれば》業、コーヒー店経営者）、女性十名（コーヒー店経営者一、酒店経営者一、主婦二、無職六）。このうち六名の無職の女性は、東南アジアから女衒《ぜげん》の手によってスワヒリ沿岸のこの島に運ばれてきた、いわゆる「からゆきさん」なのだった。

たまたま目にとまった写真のファイルから、さまざまな民族の生活と歴史が浮かんでくる。その中で、民族を民族たらしめている宗教に、わたしは関心をひかれた。イスラーム、キリスト教、仏教、ヒンドゥー教、シク教、ゾロアスター教。こうしたよく知られる宗教だけではない。大きな宗教に圧

スワヒリ人

ハドラマウト・アラブ

アラブ

パールシー

コモロ・アラブ

オマーン・アラブ

ヒンドゥー

ソマリ人

ザンジバル・アラブ

日本人

シンハリ人

シ　ク

ヨーロッパ人

ゴア人

イスナーシェリ・ホジャ

中国人

イスマイリ・ホジャ

民族の顔写真
ザンジバル支配のために、
イギリス当局が作成したと
思われるファイル

倒されそうになりながら生き続けている固有の信仰。そのような重層的で多様な全体が、このザンジバルの社会であり、文化なのだ。スワヒリ社会を理解するためには、少なくとも次の三つの宗教について知っておく必要があるだろう。

ひとつは、イスラームのイバード派。日本では、ほとんど知られることのない少数派である。しかし、ザンジバルにウスタアラブの時代を画した歴史の主役オマーン王が信奉していた宗派となれば、話は別である。その動きを調べてゆくと、ザンジバル政治の隠れた部分が見えてくる。

第二は、イスラームのスーフィズム。一般的にはイスラーム神秘主義として知られる。その導師はスーフィーと呼ばれ、修行のためにあちこち旅をすることを通してイスラームの民衆化に大きな役割を果してきた。

第三に、アフリカ固有の信仰である。その中核には、祖霊崇拝がある。それがイスラームやキリスト教と共存し混交《こんこう》しながら、いかに人びとの生活の中にたくましく生き続けているか。

オマーン支配とイスラーム少数派

ストーン・タウンの街を歩いていて、不思議に思うことがある。イスラーム社会に特有のミナレットをあまりみかけないのだ。

ミナレットは、祈りの時を告げるモスクの尖塔《せんとう》である。カイロやイスタンブールの街を歩けば、真っ先に目に飛び込んでくる天高く聳《そび》える塔である。その塔が、ストーン・タウンには見当たらないのだ。いろいろ調べているうちに、興味深い記述を見つけた。それは、サイード王がストーン・タウンに「金曜モスク」（ジャーミー）を建設しなかったという記述である。（トリミンガム『東アフリカのイスラーム』、八三―八四頁）

金曜モスクとは、ムスリムにとって、もっとも重要な金曜礼拝のための特別なモスクのことである。イスラーム社会の支配者は、その建設によって、支配者としての権威を民衆に示してきた。それほど重要なモスクを、サイード王は建設しなかったというのである。なぜだったのか。調べてゆくと、その背景にイバード派という少数派イスラームの存在があったらしい事実が見えてきた。

イバード派については、まず簡単なイスラームの系譜《けいふ》を描いてみることにしよう。

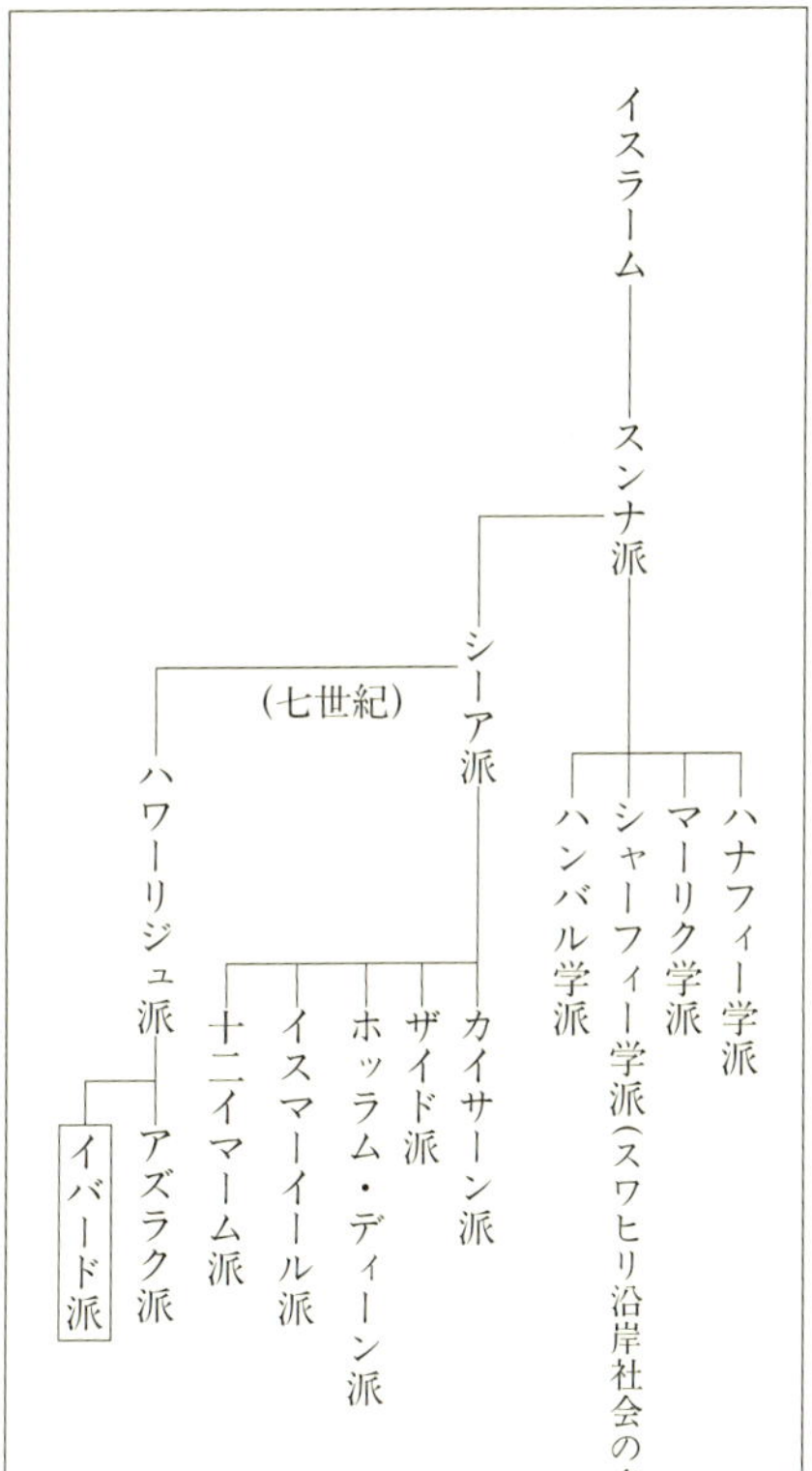

この図に沿って見てゆくと、イバード派は、スンナ派から分裂したシーア派を母体としながら、そこからさらに分派した一宗派ということになる。きわめて穏健《おんけん》な少数派として知られる。現在、その勢力は、リビア西部のトリポリ地域、南部アルジェリア地域、そしてオマーン王国を中心にひろがり、ザンジバルにも少数が分布する。

ちなみに、スワヒリ沿岸部の住民の大多数は、スンナ派のシャーフィーという学派に属している。シャーフィー学派は、シラジ時代末期（十三―十六世紀）に、アラビア半島南部のハドラマウトという地域からやってきた導師《どうし》（ウラマー）の強い影響下で、この地に定着したことが知られている。

問題は、サイード王とその一族が、イスラーム少数派に属していた結果として、いかなる事態がスワヒリ世界にもたらされたかということである。このことについては、歴史学者ポーウェルスの著書『角笛と三日月』をとりあげ、彼の分析を紹介しておこう。その内容は多岐《たき》にわたるが、ここでの論議に絞《しぼ》れば、次の三点に要約することができる。

第一点　スワヒリ都市住民の立場からすれば、オマーン王の東アフリカ進出は、住民による軍事的要請にもとづくものであり、それは、当然ながら、ポルトガル勢力をスワヒリ沿岸部から駆逐《くちく》するという一点に制限されていたこと。

第二点　したがって、オマーン王のスワヒリ支配には、都市の内政に介入することへの禁止が前提とされていたこと。

第三点　長い年月の中で、イバード派とスンナ派との間にトラブルがなかったわけではないが、全体として、オマーン王の寛容《かんよう》な宗教政策の中で、両派の平和的共存関係が実現されたこと。

（ポーウェルス『角笛と三日月』、一一六―一二〇頁参照）

以上の三点であるが、第一部で見てきた歴史過程に照らしてみても妥当《だとう》な分析であるといえよう。特筆すべきはオマーンの王権が、他の巨大なイスラーム国家にみられたように、宗教的カリスマ性を獲得し、独裁へと逸脱《いつだつ》することがなかったことである。これが、もしもイバード派の特性によるものであるとすれば、オマーン王権とスワヒリ諸都市との相互依存的な共存関係は、ポーウェルスの指摘する歴史的経緯以上に、この少数派の特性に帰《き》されることになる。

ストーン・タウンに、王権を象徴するような巨大なミナレットやモスクが建造されなかった背景は、こうした歴史的・文化的状況と無縁ではないだろう。ストーン・タウンの風景には、そのような隠《かく》された歴史の軌跡《きせき》が刻み込まれているように、わたしには思われる。

2　社会変動とイスラーム神秘主義

ストーン・タウンの聖者廟

ストーン・タウンの街の片隅《かたすみ》に、大人の背丈より少し高目の小屋がある。二階建てのアパートとアパートの間にはさまれて、物置にしか見えない。しかし、物置にしては、白壁の上半分にモザイク模様が施《ほどこ》され、一風変わっている。赤いトタン屋根も珍しい。古文書館と宿舎を往復する道すがら、いつも気になっていた。

ある時、思いきって覗《のぞ》いてみた。薄暗い部屋の真中に何かが安置されている。なんと、墓ではないか。墓は大小ふたつ。大きな墓の上部は、赤と銀色の縦じま模様の布で覆《おお》われ、下半分には光沢《こうたく》のある緑の布が巻かれている。以前、手にしたことのある聖者廟《びょう》の写真とそっくりだ。

聖者廟とは、イスラーム神秘主義《スーフィズム》の道を極《きわ》めたスーフィー（求道者）を聖者として祀《まつ》る墓を指す。偶像を一切禁止するイスラーム主流派からすれば、いかに聖者であろうと、死者を祭り崇《あが》めることは異端である。そのイスラーム神秘主義が、ここザンジバルにも息づいているのだ。

歴史書によれば、イスラーム神秘主義は、十二－十三世紀のイラクに起源を遡《たど》るという。神との一体化を求めて難行苦行を重ねた求道者《スーフィー》によって開かれ、十七世紀頃までに数十を越える教団《タリーカ》が中東・

北アフリカを中心に結成され、イスラーム伝播《でんぱ》の強力な先兵《せんぺい》となった。
そのスーフィズムがスワヒリ社会で脚光を浴びるのは十九世紀末以降のことである。内陸部へのイスラームの普及に大きな役割を果たしたこと、バルガッシュ王がソマリアから高名なスーフィーを招き、西欧諸国の侵略に対抗する勢力として利用しようとしたことなどが、明らかにされている。

ザンジバルのスーフィー教団

ストーン・タウンで聖者廟を見たあと、わたしは気になっていたスーフィー教団の組織や活動について、予備的な調査を試みることにした。

南部のある村を訪れた時のことである。戸口の上の白壁に、「アレイクム・アッサラーム」（あなたの上に平安を！）いうアラビア語が書かれた家に案内された。そのアラビア語の表示を除けば、変わりばえのしない民家である。それが、カーディリー教団の道場《ザーウィヤ》なのだという。

屋内からは、寺院のお経のような声が聞こえてくる。コーランの一節なのだろう。繰り返し、繰り返し、延々とそれは続く。「ジクル」と呼ばれる神秘主義に特有の祈禱《きとう》様式であることを後で知った。小一時間ほどして、それが終わる。中に入る。道場は男性用と女性用に分かれ、それぞれに十数名の信者が集っていた。

入口近くの小部屋には、この道場を開いたという導師の遺体を納めた柩《ひつぎ》が安置されている。壁には、遺影も飾られていた。アラブ人のようにも、アフリカ人のようにも見える。信者の大多数は、地元の

イスラーム神秘主義教団の道場（ザーウィア）と信者

（1991年撮影）

男女。人数は、男性三十名、女性四十名ほどだという。

その後、ザンジバル中部から北部、そして東部にも調査の足を伸ばした。その結果、ザンジバルでは、バグダードで誕生し、十九世紀に東アフリカに普及したカーディリー教団に人気が集中していることもわかった。その背後には、いわゆる正統イスラームの表《おもて》文化から締め出されてきた女性への積極的働きかけがあった、と信者はいう。

あちこち訪《たず》ね歩いたが、ザンジバルにおけるカーディリー教団の勢力を正確に捉《とら》えきることはできなかった。尋《たず》ねれば、何千人、あるいは何万人ものメンバーがいる、との答えがかえってくる。しかし中には朽《く》ち果てたような道場もあり、現在のカーディリー教団に、歴史書に見る勢いは感じられなかった。それでは、スワヒリの歴史の中で、カーディリー教団はどのような役割を果たしてきたのか。

カーディリー教団

イスラーム神秘主義の研究者ニムツは、歴史資料と聞き取り調査を通して、『東アフリカにおけるイスラームと政治学――タンザニアにおけるスーフィズム』を著《あらわ》し、スワヒリ社会におけるカーディリー教団の歴史的役割を解明している。

彼の選んだ調査地は、内陸への長距離交易路の拠点バガモヨであった。かつて内陸から連行された奴隷が、魂《たましい》を残して大陸を後にしたというスワヒリの都市バガモヨである。すでにふれたが、ザンジバル王マジドが十九世紀に建設した離宮や、そのマジドの支援によって建立《こんりゅう》されたカトリックの大聖堂が、今も歴史的建造物として遺《のこ》っている。

ニムツによると、そのバガモヨで、一九〇五年以降、急速にカーディリー教団が浸透し、勢力を拡大したという。その背景として、ニムツは次の四点を挙げている。

①バガモヨにおける富の不均衡に対する貧者《ひんじゃ》の不満
②「ジクル」のみによって、神との一体感が達成されることに対する絶大な期待（正統イスラームでは、信仰告白、礼拝、喜捨《きしゃ》、巡礼、断食《だんじき》を守らねばならない）
③教団による貧しい者への経済的支援
④祈禱《きとう》を通して獲得される信者同士の連帯感

ザンジバル島東部にあるカーディリー教団の集会所
（1992年撮影）

以上の四点は、そのままスワヒリ都市バガモヨの悲惨《ひさん》を映し出している。それが、二十世紀初頭のバガモヨの姿だったのだ。解放奴隷は、正統イスラームの信者ではあったが、つぎつぎとカーディリー教団へ加入し、新たな共同体のメンバーとなっていったという。

　ウスタアラブの時代、正統イスラーム対辺境イスラームという二項対立的世界の止揚《しよう》が見られたことは先に述べた。この傾向は、奴隷制廃止によってますます促進されたにちがいない。その中で浮び上ってきたのが、経済的な貧富の格差だった。そうした格差に対する民衆の不満を吸収したのが、カーディリー教団だったのではないか。そこには新たな民衆の覚醒《かくせい》があり、人間としての権利の主張があった。

　程度の差はあれ、バガモヨの社会に起こったことが、他のスワヒリ都市でも見られた。カーディリー教団は、このようにして、貧困層の不満の受け皿となり、彼らのエネルギーを宗教的情熱へと変えてゆく。その意味で、カーディリー教団は、民衆イスラームとしての歴史的役割を果たしてきたといえよう。

3　病気治しと女性祈禱師《きとうし》

ムズィム

「ムズィム」、この言葉を初めて聞いたのはいつのことだったか。不思議な言葉だと思って、スワヒリ語辞典を繰ってみたの日のことを覚えている。そこには次のような二つの説明が並んでいた。

①ムズィムとは、死者の霊魂《れいこん》、祖先の霊魂を指す。人が死ぬと、ムズィムになるといわれる。もはや肉体はなくなり、生者にある種の力を及ぼし、病気をもたらす。死者の縁者は、しばしば小さな小屋を建て、死者の霊魂に供物《くもつ》をささげたり、祈りをあげたりする。岩や洞穴《どうけつ》や木や廃墟がこうした目的で使用されることもある。供物として、布やビーズや小銭や小麦粉などが使われる。

②ムズィムとは、祈禱所の意味。先祖などの霊魂に供物や祈禱をささげる場所。通常、岩や洞穴や木や廃墟がそれに相当し、供物としては木綿の布や調理用鍋《なべ》や小麦粉やビール、時には小銭が使われる。

（ジョンソン『スタンダード・スワヒリ・英語辞典』）

ムズィムの祈禱師の老女
この20年来、祈禱を司っている。祈禱の前に刺戟性のある薬草を嚙んで神経を昂進させるという。（1991年撮影）

イスラームにどっぷりつかっているかに見えたザンジバルに、こうしたアフリカ固有の宗教があったのだ。わたしは、さっそくムズィム探しを開始した。

開始早々、ストーン・タウンにはムズィムはない、と聞いて、南部の、マクンドゥチ村へと足をのばした。村人に聞くと、あちこちにある、案内するという。ただし、病気の治癒《ちゆ》祈願なので病人でないと困るという。わたしはとっさに日本で病いに臥《ふ》せっている父親を思い出した。それでオーケー。祈禱者《きとうしゃ》は、皺《しわ》だらけの老女であった。歯の抜け落ちた口元をもぐもぐさせながら、畑の道を通り、小高い林へと分け入る。

たどりついたのは、珊瑚《さんご》石で囲まれた暗い洞穴だった。その洞穴が「ムズィム」なのだという。以

ムズィム（紅白の布が供えられている）　（1991年撮影）

前に見た沖縄のウガン（祈禱所）にそっくりだ。

老女は、枯葉を集めて火種《ひだね》をつくると、薪《まき》をその上に置いて火をおこし、その火で香を焚《た》いた。ソマリア産の乳香《にゅうこう》だという。

老女のあとについて洞穴に入る。香《こう》のにおいがたちこめた洞穴の奥をのぞく。奥には、かの世に通じているかと思われる小さな穴がひとつ。その穴の入り口に、赤と白の布で覆《おお》われた祠《ほこら》が安置されている。老女がその穴から精霊《せいれい》を呼び出す。女の精霊なら赤の祠に、男の精霊なら白い祠に憑《つ》くという。

わたしが祖先の名前をいうと、老女は祈禱をはじめた。ときどき、後ろを振り向いて、同じ祈禱を唱えろと、わたしを促《うなが》す。意味のわからないままに、口だけ動かす。祈禱は十分ほどで終わった。締《し》めくくりには、イスラームの聖典コーランの一節が唱えられた。

ホテルに帰って考えてみると、ムズィムの意味は辞書に書かれていた二番目の解説にあてはまるような気がした。

守護霊ネットワーク

その後、村の古老からも話を聞いた。それらを総合すると、全体像がおぼろげに見えてきた。簡略に説明すると、次のようになる。

わたしが訪れたマクンドゥチ村は、四つの地区から構成されており、人口は約一万人。村の最小単位は、ウコーと呼ばれる同族集団で、約二百人ほどの人数からなる。ムズィムは、ウコーをひとつの単位にして、それぞれのウコーにひとつずつあるらしい。すると、この村にはざっと五十のムズィムがあることになる。

住民は、悩みの解消や、病気治療のためにムズィムを訪れる。しかし訪れるのは、必ずしも、自分が所属するウコーのムズィムとは限らない。ムズィムは、病気の種類によって、それぞれ専門化しているからである。

興味深かったのは、ムズィムが、類別され、しかも順位づけされているという話だった。各地区にはひとつずつ中心となるムズィムがあり、それらが行政的な役割を分担している。それとは別に、病気治しの序列がある。その最高位には、不妊治療に特化しているムズィムが指定されている。また、このムズィムはナイルージ（新年）の祈禱も担当しているという。しかも、このムズィムを管理しているのが「シラジ人」だということを聞かされた時には、飛び上がるほど驚いた。こんなところに、突然「シラジ」が飛び出してくるとは……。まさに守護霊ネットワークである。ムズィムの世界に分け入ると、思いがけないことが待ち受けている予感がした。

ムズィムに関連して、もうひとつ、わたしが関心をひかれたことがある。この守護霊ネットワークにおける女性の役割である。聞くところによれば、女性の祈禱師も珍しくはない。わたしの父の病気治しの祈願《きがん》をしてくれたのも、女性だった。このことは、ムズィムでは、男女間に役割分担はみられないということを示している。そのようなムズィムが、イスラーム世界のザンジバルの農村部に、今なお深く根を下ろし、人びとの信奉を得ていることに、わたしは一筋縄《ひとすじなわ》ではゆかないスワヒリ社会の歴史と文化の奥深さを感じたのだった。

行政の中心に位置するムズィム　ミスキティ・キチャカ
（1991年撮影）

シラジ・モスクの脇にあるムズィム
（1991年撮影）

ストーン・タウンのはずれにあるスンナ派モスク（ムナラ・モスク）の数少ないミナレットのひとつ　(1996年撮影)

ストーン・タウン郊外にあるUMCA建造の聖堂（セント・ジョーンズ・アングリカン・チャーチ）　(1993年撮影)

終章❖ザンジバル・ノート

20世紀初頭のスワヒリ女性　王宮で働いていた女性たちと思われる。
©Zanzibar National Archive

1　綿布・ビーズとウスタアラブの世界

ウスタアラブの世界を支えた輸入商品に綿布とビーズがある。これらは、沿岸部のスワヒリ社会で消費されたのみならず、アフリカ内陸部での奴隷や象牙の取引きに欠かせない重要商品であった。どのような種類の綿布やビーズが輸入され、消費されていたのか。その実態を掘り下げてゆくと、意外な歴史が見えてくるかもしれない。

そのような期待を抱いて資料を漁《あさ》っていたある時、東アフリカの綿布とビーズに関する詳細な報告を見つけた。それは、イギリスの探検家リチャード・バートンが著《あらわ》した『中央アフリカ大湖地方』（一八六〇年）という本の付録に収められていたのである。バートンは、ムスリムに扮《ふん》してのメッカ探訪やナイル川の源流探査で有名であるが、アラビア語の『千夜一夜物語』の英訳で知られる言語学者でもある。

バートンの報告には、価格や計量単位に関する情報もふんだんに盛り込まれているが、ここでは、それには触れず、生産地や種類・販路に焦点を絞って要点を紹介しておくことにしよう。まず、綿布について。

「ヨーロッパ人が初めて訪れた頃の東アフリカの人びとが入手できたのは、粗悪《そあく》で破れやすいカニキ、つまり、インディゴで染めたインド綿だった。品質は三種類。ザンジバル島以外で消費されることのない織り目の細かい幅広《はばびろ》の上質品、内陸向けの一般的な幅の中級品、そして、幅の狭い粗悪品である。
かつて広く流通していたこのカニキは、現在、〝メリカニ〟と呼ばれるアメリカ製の無漂白綿にとってかわられ、今や、このメリカニが、大量にアビシニアからモザンビークにいたる市場《しじょう》に供給されている。……

その他に、染色されたさまざまな種類の布が輸入され、内陸に運ばれている。種類が多いということは、それだけ内陸部の人びとの好みが多様であるということでもある。たとえば、ウゴゴ地方では、無地《むじ》の反物《たんもの》は通用しない。人びとはけばけばしい色彩を好むので、地味で単調な色は敬遠されるのだ。首長やその妻たちは、例外なく派手な品質を愛用する。ほんのわずかな真紅の幅広布が、頓挫《とんざ》しそうな商取引を成立に導くこともある。

色染めの布は、羊毛、綿、綿絹混紡《めんきぬこんぼう》の三種類に分類できる。羊毛の中で現在もっとも多く輸入されているのがジョホ（幅広布《はばびろぬの》）である。綿布にはさまざまな品質があり、値段の安い順に挙げると、バルサティ、ダブワニ、ジャムダニ、バンディラ、シトゥ、クザランギ、ウカヤ、ソハリ、シャリ、タウリジ、ムストゥ、キコイ、シャザール（ムクングル）が主要商品である。綿絹混紡はもっとも高価な布で、スバイ、デウリ、サブニ、ケシ、マンナフの五品《ごしな》が取り引きされている。

ジョホは、青か赤のきめの荒い布である。ウジジなどの象牙の産地でこの布の需要が高い。男性は腰に巻き、女性は胸から下をこれで覆《おお》う。ウニャニェンベ地方では、この布でチョッキ（キシバウ）を縫うアラブ人やスワヒリ人の職人がいるため、アフリカ人の首長の中にもこうしたスワヒリ風の衣服を着ている者がいる。

ジョホより安いインド産のバルサティ（アフリカ人はキタンビと呼ぶ）は、幅の四分の一が赤、四分の三が濃紺《のうこん》に染め分けられている。赤の染料は、ヨーロッパかインドのカッチのものである。主に沿岸部でのコーパル取引に使用され、低階層の人びとや奴隷や女性が着用する。この布は、内陸の首長たちには不人気だ。

ダブワニは、マスカト製の青と白の小さなチェックの布地である。四分の一ほどの幅に赤のストライプが入り、白と黄色の縁《ふちど》取りがある。手触《てざわ》りは綿布というより草で編んだ布のようで、カッチで染められた安物と、沿岸部のコーパル取引に使われるヨーロッパの染料を使った中級品、そしてザンジバル島内で消費される上質品がある。ダブワニは、内陸にゆくとバルサティの二倍の値がつき、傷物《きずもの》でなければ、めったに受け取りを拒否されることはない。

ジャムダニは、インド産の小枝《こえだ》模様のモスリンである。沿岸部の高貴な人びとによってターバン用に愛用されている。一方、バンディラはボンベイから輸入される赤い綿の旗布。これは、内陸の女性に人気がある。

シトゥには多くの種類がある。もっとも一般的なものは、イギリス製の赤い布で、黄色と緑のストライプが入っている。これらは、内陸では好まれない。内陸の人びとが好むのは、フランス製かハンブルグ製のものである。もっとも高価で入手しにくいものが、ペルシア人が羊毛の帽子の裏地に使う〝アジェミ〟である。

クザランギは、ヨーロッパ産の綿をマスカトでザクロの皮などで染めた赤っぽい色の布である。もっぱらアラブ人男性が日常着（ディッシュダーシャ、スワヒリ語ではカンズ）の素材として愛用している。

ウカヤは、カニキによく似た布であるが、カニキより薄手《うすで》である。ヨーロッパ製の布をボンベイで染めたもので、女奴隷や妻妾《さいしょう》が頭を覆《おお》うヴェールとして使用する。

ソハリは、青と白のチェックに五インチ幅の赤のボーダーが入り、さらに赤、青、黄色の細いストライプの模様がついている。さまざまな種類があり、ダブワニより上質とされ、首長層への贈り物として喜ばれる。一番安い品はウニャムウェジ地方で消費されている。

シャリというのは、インドのシャール（ショール）の訛《なま》った言葉で、粗悪《そあく》な綿で織られたイギリス製のイミテーション・ショールである。明るい黄色か赤の地に、洋ナシのパターンかそれに類する模様のついた布で、やはりウニャムウェジ地方の首長たちに人気がある。

タウジリは、インド産の濃紺の綿布で、派手なあかね色かターメリックの黄色のボーダーつきである。赤い布はヒアオ人に、黄色はニャムウェジ人に好まれる。

ムストゥはスーラトで染められたヨーロッパ産の布で、あかね色の地にインディゴの青を重ね、白の斑点が染め抜かれている。このプリント地は、アラブ人とスワヒリ人の女性が夜着か寝起き用の布として愛用しているが、内陸では儀礼用のローブに使われる。

キコイはスーラト製の白い厚手の粗《あら》い木綿で、赤、黄、青の並行ストライプの幅広ボーダーがついている。上質のものは、主に女性用で、絹のボーダーがついていると値段はもっと高くなる。

内陸部一帯でムクングルと呼ばれるシャザールは、カッチ製の格子《こうし》じまの綿布で、赤と白、もしくは黒と青の品がある。この布は、マサイ人に格別好まれている。

綿と絹の混紡の中ではスバイがもっとも人気がある。赤、黒、黄の複雑なパターンからなる格子柄の布で、ボーダーもついている。この布は、中流階層のアラブ人の腰布として使用される。スワヒリ人の職人によって、金糸の縁取りもされる。カッチの綿糸を使用してマスカトで織られたスバイは、品質にさまざまな種類がある。

デウリはスーラト産の絹で織られたインドの腰布である。それに、ザンジバルで金糸のボーダーがほどこされる。赤、黄、緑などの地に、さまざまなストライプが織り込まれている。

マスカト産の腰布スブニは、絹のボーダーつきの綿布で、小さな青と白のチェック模様に、赤と黄の縁飾りがついている。内陸に運ばれることはめったにない高価な品である。ケシはボンベイから輸入される貴重品である。真紅の絹地で、ニャムウェジ人の首長たちが好む布である。大判で金のストライプの入った品は、ザンジバルのインド人たちが愛用している。

マスナフは、マスカト産のストライプ入りの貴重品である。綿と絹の混紡で、やはり金糸が使用されているとより高価になる。……」


ここには、ざっと数えただけでも二十一種類の布製品が列挙されている。色も材質も異なり、それぞれ特徴がある。女性用と男性用、日常着に夜着用に儀礼用……。東アフリカの人びとは、好みや用途や社会的地位に応じて、これらの布を選別し、着用していた。ヨーロッパやインドやアラビア半島の商人たちは、東アフリカの人びとの好みに合った品物の生産に血道《ちみち》をあげ、スワヒリ沿岸部の商人たちは、隊商の需要に見合った商品の確保に狂奔《きょうほん》したにちがいない。

布の産地が多様であったことも驚きだ。アメリカ、イギリス、インド、フランス、ハンブルグ、マスカト……。インドでは、カッチとスーラトという産地が突出している。こうした布の生産過程も興味深い。イギリス産の布がインドのスーラトやマスカトで染色されたり、インドのカッチ綿糸でマスカト産の布が生産されたりしている。地域や国境を越えた協業である。こうした協業が、東アフリカのスワヒリ世界やアフリカ内陸部の人びとの好みに合わせて組みたてられていたのだ。

さらに、布製品の多様な名称にも度肝《どぎも》を抜かれる。これらの名称の中には、現在、衣服を指すスワヒリ語として定着しているものがある。たとえば、ジョホ、ウカヤ、キコイなどである。ジョホ、ウカヤについては第二部で紹介したが、このように見てくると、これらがもともとは布の名称であったことがわかる。

一方、こうした輸入綿布の流入にもかかわらず、アフリカ産の綿布が、東アフリカの一部で織られ続けていたことも明記しておく必要があるだろう。これについては、一八七〇年代の宣教師や地理学者が、ロンドンの「王立地理学協会」で行った報告のレジュメから実証できる。とりわけ、綿花栽培に適した現タンザニア南部のニヤサ湖周辺地域に関するレジュメに、たびたび登場する。しかし、それも、やがて輸入綿に淘汰《とうた》されていく運命にあったことはいうまでもない。


さて、次にビーズに移ろう。ビーズはスワヒリ語でウシャンガと呼ばれ、装飾品としてだけでなく、貨幣としても使用されたため、内陸交易にとって、布製品にもまして重要な商品であった。バートンは、色も形態もサイズも異なる、およそ十八種類のビーズを紹介している。品質はサンゴや磁器製、またはガラス製。サメサメ、スンゴマジ、ニリ、ハフィズィ、スコリ、ソフィ、ブブといった名称が挙げられている。

市場として登場する地名は、ザンジバル島対岸のバガモヨからタンガニーカ湖畔のウジジに通じる長距離交易路沿いの地域が圧倒的に多く、それにキリマンジャロ周辺のチャガ人やマサイ人居住地が一部加わっている。

ビーズの産地に関しては、ヴェニス（イタリア）やニュルンベルグ（ドイツ）やボヘミア（チェコ）といったヨーロッパの地名のみが記されている。産地が特定されていないビーズは、おそらくインド産が主流を占めていたにちがいない。そして、布製品と同じく、色や素材による地域的な好みの偏《かたよ》りが顕著《けんちょ》である。たとえば、サメサメと呼ばれた赤い磁器製ビーズは、東アフリカ一帯でもっともひろく流通していた品種であるが、タンガニーカ湖畔のウジジでは受け取りを拒否された。ウジジの人びとは、ニリと呼ばれた緑色のガラス製のビーズを好んだからである。その結果、ニリを持参していなかった隊商が、商売できずに立ち往生したという話も、伝わっている。その背景には、ビーズが、貨幣の代替品《だいたいひん》としての用途の他に、女性の装飾品としてアフリカではもっとも人気のある商品だったという事情がある。隊商は、交易地の女性の好みや流行に関する情報を常に収集し、積荷のビーズの種類に気を配らねばならなかった。さもないと、途方《とほう》もない時間と投資を必要とした長距離交易が、徒労《とろう》に終わることさえあったのである。

以上のバートンの記述から、綿布やビーズに対する東アフリカの需要が、インドやアラビア半島はもちろん、イギリスやイタリアやドイツの地場《じば》産業にさえ少なからぬ影響を与えていたことを知ることができる。それだけではない。綿布の場合、アフリカ人の好みに合わせた品質を生産するため、さまざまなレヴェルで、地域を越えた協業が展開していたのだ。明るい色調を好むアフリカ人のファッション感覚が、インドやマスカトの染料めがけてヨーロッパ綿を走らせた。ヨーロッパ人が、アフリカを「暗黒大陸」と称して軽蔑《けいべつ》していた時代のことである。

アフリカ内陸部の人びとが、スワヒリ世界を介してヨーロッパやアジアの織物産業やビーズ生産を操作していた時代、ウスタアラブとは、そうした時代でもあったのだ。

2 日本・ザンジバル貿易関係

イギリス支配下で、ザンジバルにも植民地的経済構造が展開する。ウスタアラブの世界で自立的な商業を営んでいた商人は、植民地経済に奉仕する買弁《ばいべん》と化し、諸外国との新たな貿易関係が拡大した。ここでは、その一例として、日本とザンジバルとの貿易を、概観しておこう。

一九二三年（大正十三年）に出版された南アフリカの日本領事報告書『英領東阿弗利加《あふりか》事情』によれば、ザンジバル保護領の一九二二年国別輸出入統計は次頁の表のようになっている（いずれも、二十―三十か国中上位六位まで）。

このように、ザンジバル輸入に占める日本の割合は第五位の三パーセント。一方、輸出は番外の第十四位、〇・二パーセントである。日本からの輸入品は、数量的には一位がマッチ、二位が晒木綿《さらしもめん》の反物で、以下、絹反物、数珠玉《じゅずだま》、刃物類と続く（ただし、価格は一位がマッチ、二位絹反物、三位晒木綿）。しかし、アフリカと日本との直接航路がまだ開通していなかったため（開通は一九二六年）、インドのボンベイ経由でザンジバルにもたらされる日本製品も多く、それらは、インドからの輸入に計上されたため、ここには含まれていない。

日本への輸出品に関しては統計がないので不明だが、ザンジバルからの輸出総額の八十パーセントを占めていたクローヴ、十七パーセントを占めるコプラ、あるいは象牙やサイの角や獣皮などが考えられる。いうまでもなく、かつてザンジバル輸出の目玉商品であった象牙と奴隷は、統計表から完全に姿を消した。

なお、この統計からザンジバルの貿易収支を計算すると、約八十万ポンドの赤字となるが、実は、ザンジバルからの再輸出額九十一万ポンドという数値が別枠《べつわく》にあり、これを勘案《かんあん》すれば、十三万ポン

ザンジバル・日本輸出入統計(1922年)

輸入額（単位：英ポンド）

①インド	545,899	(29%)
②「タンガニーカ」委任統治地	340,886	(18)
③イギリス	329,681	(17)
④ケニア植民地	200,132	(11)
⑤日本	8,555	(3)
⑥北米合衆国	52,407	(2.7)
⋮	⋮	
総　額	1,893,612	(100)

輸出額（単位：英ポンド）

①インド	363,397	(32%)
②フランス	215,217	(19)
③イギリス	181,151	(16)
④北米合衆国	142,099	(13)
⑤ドイツ	53,313	(5)
⑥南ア連邦	30,133	(3)
⋮	⋮	
⑭日本	4,713	(0.2)
総　額	1,118,629	(100)

（出典）南アフリカ日本領事報告書『英領東阿弗利加事情』1923年。

ドほどの黒字に転じる。少なくとも、一九一九年から二二年の四年間は、同様の推移《すいい》を示しており、イギリスのザンジバル統治は、こうした中継貿易とクローヴ輸出とを二本柱としていたことが見てとれる。

このような植民地経済の恩恵を蒙《こうむ》ったのが、イギリス支配の傀儡《かいらい》となったアラブ人支配層とインド人商人であり、アフリカ人はもっぱら奴隷労働にかわる労働力として位置づけられていたことは、本論の中ですでに述べた。日本との貿易関係の展開が、ザンジバルにおける人種差別的な植民地経済構造を支える間接的要因であったことはいうまでもない。

3　クローヴ産業とザンジバル社会

クローヴ産業の歴史に関する調査に没頭《ぼっとう》していた一九八〇年代のことである。仕事場だった国立文書館には、連日、イギリス統治期の行政文書が、諸官庁から運び込まれていた。スタッフが、のんびりと仕分けしている。一週間に一度、「不要」と判断された書類が、裏庭で燃やされた。時には、わたしにとって喉《のど》から手が出るほど欲しかった書類も、その中にあった。思わず手にとって、「これ、ください」。すると、にべもなく「だめ」という返事。わたしは、信じられない思いで、山積みの書類が灰になってゆくのを、呆然《ぼうぜん》と眺《なが》めていた。

当時、文書館で仕事をしていた研究者は、わたしひとりだった。イギリス当局の政策レヴェルのサーベイは済んでいたが、その次の展望が開けず、手詰《てづま》り状態に陥《おちい》っていた。書類も未整理だ。おまけにトイレの水は出ないし、もちろん、飲食できる施設もない。イライラが募《つの》る。ぼーっと、窓の外を眺めている時間が多くなった。

閲覧者用の索引《えつらん》がまだ整っていないことを知っていたので、ある日、一般には公開されていない書庫に入れてもらった。かび臭《くさ》く、ほの暗い書庫の中を歩いていると、片隅に放置された分厚い調査票のような書類の束《たば》を見つけた。パラパラ繰《く》ってみると、イギリス統治期のクローヴ農園主の個人ファイルである。しかも、農園の負債状況が詳しく記載されている。相当な量である。日付をみると、一九三二年から一九五〇年までをカヴァーしている。ザンジバルの基幹《きかん》産業であるクローヴ関連の書類は、さすがに燃やされなかったと思われる。

それからの一か月は、ファイルの整理に追われた。見かねて、文書館のスタッフの人たちが手伝ってくれた。その結果、イギリス当局のクローヴ政策の、実に興味深い実態面が見えてきたのである。その間の経緯を、イギリス当局の政策に焦点をあてて振り返ってみよう。

一八九〇年、ザンジバルを領有したイギリス当局は、クローヴ産業を経済の主軸《しゅじく》に位置づけた。対岸の大陸部がドイツ領になったことにより、ザンジバルの中継貿易地としての役割が激減したからである。ところが、頼みの綱ともいうべきクローヴ農園の経営は、すでに破綻《はたん》寸前の状況となっていた。それは、時を経るに従い、ますます深刻になった。十九世紀中葉、世界需要の八割以上を担っていたザンジバルのクローヴ産業は、その背後で、確実に地盤沈下《じばんちんか》を起こしていたのである。原因は、農園主の累積債務《るいせきさいむ》にあった。

借金地獄に陥った農園主はアラブ系かアフリカ系の住民、債権者はもっぱらインド人商人だった。

とりわけ、アラブ系大地主の借金は、年々増大した。なぜ、農園主は借金をせねばならなかったのか。その理由を列挙してみる。

一　近代的経営能力の欠如。同時に、地主が都市部に住み、農園経営はマネージャー任せ、という経営形態にも問題があった。

二　アラブ的生活様式。大家族形態、祝祭時の膨大《ぼうだい》な消費、メッカ巡礼やオマーンとの往来《おうらい》などがこれに含まれる。

三　高い労賃。クローヴ生産は、労働力需要が収穫期に集中する。そのため、労働力の供給が追いつかず、売り手市場が形成された。その結果、労働者は少しでも賃金の高い農園に移動したため、労賃が高騰した。

四　高いクローヴ税。条約によって、輸入関税を五パーセントに抑えられていたザンジバルでは、唯一の国家の財源であるクローヴには二十五パーセントの税金が課された。

五　収穫量と価格の不安定性。クローヴの収穫量が不安定なため、国際価格も不安定になり、期待した収入が得られない年には、借金が増大した。

六　投資先の欠如。イギリス当局は、本国の工業製品の市場であるザンジバル社会の工業化を望まなかったため、付加価値の高い企業への参入ができなかった。

さらにつけ加えるとすれば、仲買人《なかがいにん》の介在を挙げることができるだろう。クローヴは、インド人仲買人の手を経て、同じくインド人の輸出業者によって海外市場に売りさばかれるというシステムになっていた。こうしたシステムが、当然のことながら、末端《まったん》でのクローヴの買付け価格を引き下げたからである。しかし、前近代社会ではどこでも見られたように、ザンジバルにおいても、この仲買人が、同時に末端の金融を牛耳《ぎゅうじ》っていたため、両者の間にはある種の相互依存関係が存在していた。クローヴという現物に依存していた仲買人は、借金を回収するために農園を没収したり、売却したりすることはしなかったからである。見方をかえれば、こうした相互依存関係が、農園主の債務をますます増加させたともいえる。ちなみに、イギリス統治下のザンジバルには、公的に「南アフリカ・スタンダード銀行」とイギリス系の「インド銀行」、およびインド人経営の「ジェタ＝リラ銀行」が店を構えていたが、いずれも、農園主への融資《ゆうし》は行っていなかった。

ところで、ザンジバルには何人くらいのクローヴ農園主がいて、樹木数はどのくらいだったのか。一九二二年の統計があるので、紹介しておこう。表1である。それによれば、ザンジバル島の農園主は約六千三百人、ペンバ島では約一万二千人。クローヴの樹木数は、ザンジバル島に約百万本（アラブ人が六十八パーセントを所有）、ペンバ島にはその二倍の二百万本（アラブ人とアフリカ人がそれぞれ四十六パーセントと四十七パーセントを所有）。そして、大規模農園主はザンジバル島のアラブ人に多いことが読み取れる。

なお、ペンバ島の農園経営者数がザンジバル島の二倍近くに達していることにも、注目しておきたい。その背景には、一八七二年のハリケーンによってザンジバル島のクローヴが壊滅、以後、ペンバ島がその主産地として台頭したという歴史的経緯がある。ペンバ島の人びとは、競ってクローヴ産業に参入し、中小規模の農園が、島のいたるところに出現した。アフリカ人経営者が多いのも、そうし

表1　クローヴ農園統計（1922年）

	農園経営者数	クローヴ樹木数	1経営者当り
ザンジバル島			
アフリカ人	4,840人	236,758本	50本
アラブ人	1,218	735,544	604
インド人	165	52,768	320
その他	80	49,835	623
合計	6,303	1,074,905	
ペンバ島			
アフリカ人	8,717	896,439	103
アラブ人	2,973	888,259	299
インド人	158	99,722	631
その他	169	41,628	246
合計	12,017	1,926,048	
総　計	18,320人	3,000,953本	

（出典）ザンジバル農業省『年次報告』より作成。

た事情による。以来、ザンジバル産クローヴの七－九割近くがペンバ島で産出されるという経済構造が定着した。

さて、農園主の債務問題は、一九二〇年代末に新たな局面を迎える。債権者であるインド人商人が、抵当《ていとう》物件であるクローヴ農園を没収しはじめたからである。その背景には、農園を売却して、その収益を将来的展望のある大陸部に投資するというインド人商人の目論見《ろくろみ》があった。その目論見は、世界的な大不況の到来によって、はずれることになるのだが、こうしてインド人所有のクローヴは、一九二二年の十五万本から、一九三三年には五十万本にまで増加した。クローヴ輸出からの収入が、歳入の七割にも達していた状況下で、「農業に関心のない」インド人商人の手にクローヴ農園が集中するのは、イギリス当局にとって見過ごすことのできない事態だった。イギリス当局は、農園主を救済すべく、次のようなさまざまな政策を導入することになる。カッコ内には、政策の主目的を記した。

一九二二年　クローヴ＝ボーナス計画（生産者への貸付け）
一九二七年　ザンジバル＝ペンバ＝クローヴ生産者協会の設立（生産者への貸付け、クローヴ流通統制）
一九三三年　貿易ライセンス条令（クローヴの流通統制、私的融資《ゆうし》の制限）
一九三四年　クローヴ生産者協会（CGA）条令（生産者への貸付け、クローヴ流通規制）
　同　　　　クローヴ輸出業者条令（クローヴ流通規制）
　同　　　　土地譲渡《じょうと》条令（農地譲渡規制）
一九三七年　クローヴ購入および輸出条令（クローヴ流通規制）
一九三八年　土地保護＝負債裁定《さいてい》条令（負債の軽減）
　同　　　　クローヴ条令（生産者への貸付け、クローヴ流通規制）
一九三九年　土地譲渡条令（農地譲渡規制）

このように、イギリス当局は、貸付けや負債の軽減を通してクローヴ生産者の保護を図る一方、流通統制、農地譲渡規制、私的融資の制限によって、仲買人の活動を規制しようとしたのである。政策の中心を担ったのが、一九三四年に設置された「クローヴ生産者協会」（CGA）である。以後、この協会が、銀行や仲買人に代わって生産者への貸付けやクローヴの買付けを行ってゆくことになる。

わたしが、書庫の中で見つけたファイルは、こうした政策を実施し、その成果を検証するための資料として、当局が収集した個人情報だったのだ。

整理したファイルからは、さまざまな情報が得られたが、ここでは、私的な融資状況と農園の譲渡状況の推移に焦点を絞って見てゆくことにしよう。

表2は、一九四〇年の時点での主な債権者の民族別一覧である。表を眺めていると、いろいろなことが見えてくる。まず、予想通り、債権者の多くはインド人であること。しかし、アラブ人の債権者も少なからずいたこと。さらに、インド人の内訳を見てゆくと、人数的にはムスリム（イスマイリア）が多い。だが、ヒンドゥー教徒（バーティアー）のインド人の方が、大口の債権を扱っていたこともわかる。

一方、債務者に注目すると、ザンジバル島では、七百五十二人の農園主が平均一人当り約四千シリングの負債を抱え、それに対し、ペンバ島の千三百五十五人の農園主は、平均一人当り約千二百シリングの負債を抱えていたことがわかる。こうした大口の負債を抱えていたのは大農園主であった。ここから、一時期、イギリス当局の専門家の間で大論争が展開された。つまり、クローヴ産業を、このまま大農園経営に委《ゆだ》ねるか、それとも家族労働で維持《いじ》できる「小農」に任せるか、という議論である。軍配は、大農園経営にあがった。大農園主はアラブ人、小農のほとんどはアフリカ人だったからである。

二〇七頁のグラフは、一九三二年から一九五〇年までのクローヴ樹の取得本数と損失本数を、民族別に示している。ここで、農園の売買がクローヴの樹で表記されているのは、ザンジバルでは、土地の価値が植えられている樹木の本数によって決まったからである。

グラフを見ると、一九三二年から三五年にかけて、インド人が大量にクローヴ樹を取得していたこ

表2　債権者・債務者リスト（1940年）

民族名		債権者	債務者	1人当りの債務額
ザンジバル島	インド人			
	ヒンドゥー	19人	352人	3,884シリング
	ムスリム	97	244	3,474
	ゴア人	13	40	7,000
	パールシー	8	22	2,696
	アラブ人	24	43	3,345
	コモロ人	5	18	5,299
	⋮	⋮	⋮	⋮
総数		175人	752人	負債総額300万シリング
ペンバ島	インド人			
	ムスリム	106人	1,114人	1,039シリング
	ヒンドゥー	19	40	2,194
	パールシー	3	-	-
	ゴア人	3	-	
	インド人	5	-	-
	アラブ人	55	151	1,312
	⋮	⋮	⋮	⋮
総数		200人	1,305人	負債総額160万シリング

（出典）Tominaga, "British colonial policy and agricultural credit in Zanzibar, 1890-1963", pp.235-236.

とがわかる。たとえば、一九三二年には、ザンジバル島で二万五千本のクローヴがアラブ人からインド人の手に渡っている。ペンバ島では、それが四万本にも上っているのだ。この状況が、イギリス当局の危機感をあおり、その歯止め策として、さまざまな対策が講《こう》じられたというわけである。

再びグラフを眺めて見よう。当局の政策は、ザンジバル島より、ペンバ島でめざましい効果をあげている。一九三五年以降、アラブ人もアフリカ人も、着々とクローヴ樹をインド人から買い戻しているのだ。その状態が、一九四三年ごろまで続いている。一方、ザンジバル島では、浮き沈みが激しい。特に、一九三八年は例外的にアラブ人の取得が突出して

ペンバ島のクローヴ農園　(1985年撮影)

ペンバ島の田植え風景
この水田は中国の援助で作られた。ペンバ島では10世紀以前から湿地を利用して稲作が行なわれていた。現在は、灌漑もさかんである。　(1985年撮影)

ペンバ島のウェテの町　(1985年撮影)

いる。その背景には、一九三七年のクローヴ輸出の制限法に反対してインド人輸出業者がおこしたボイコット運動があった。インド人が、当局の締めつけに抗議してクローヴの輸出ボイコットを行なった事件である。この事件は、当局にも被害を与えたが、インド人の輸出業者や仲買人《なかがいにん》も窮地《きゅうち》に立たされた。その結果、クローヴ農園を売却するインド人商人が続出した。おりしもクローヴの豊作年に当たってしたこの年、アラブ人の手元にはそれを買い取るだけの収入があったというわけである。一九四〇年と一九四二年のアラブ人の損失は、前者は大戦の影響による輸出の激減、後者は稀《まれ》にみるクローヴの不作が原因だったと考えられる。

以上のような当局のクローヴ産業への介入は、ザンジバル社会にどのような影響を与えたのか。ここでは、次の二点を指摘しておくことにする。

第一に、政策は、全体としてアラブ人農園主を保護する目的を達成した。その結果、旧態依然《きゅうたいいぜん》としたアラブ的な大農園型経営形態が維持され、クロー

クローヴ樹木の民族別取得(損失)本数の推移

ザンジバル島

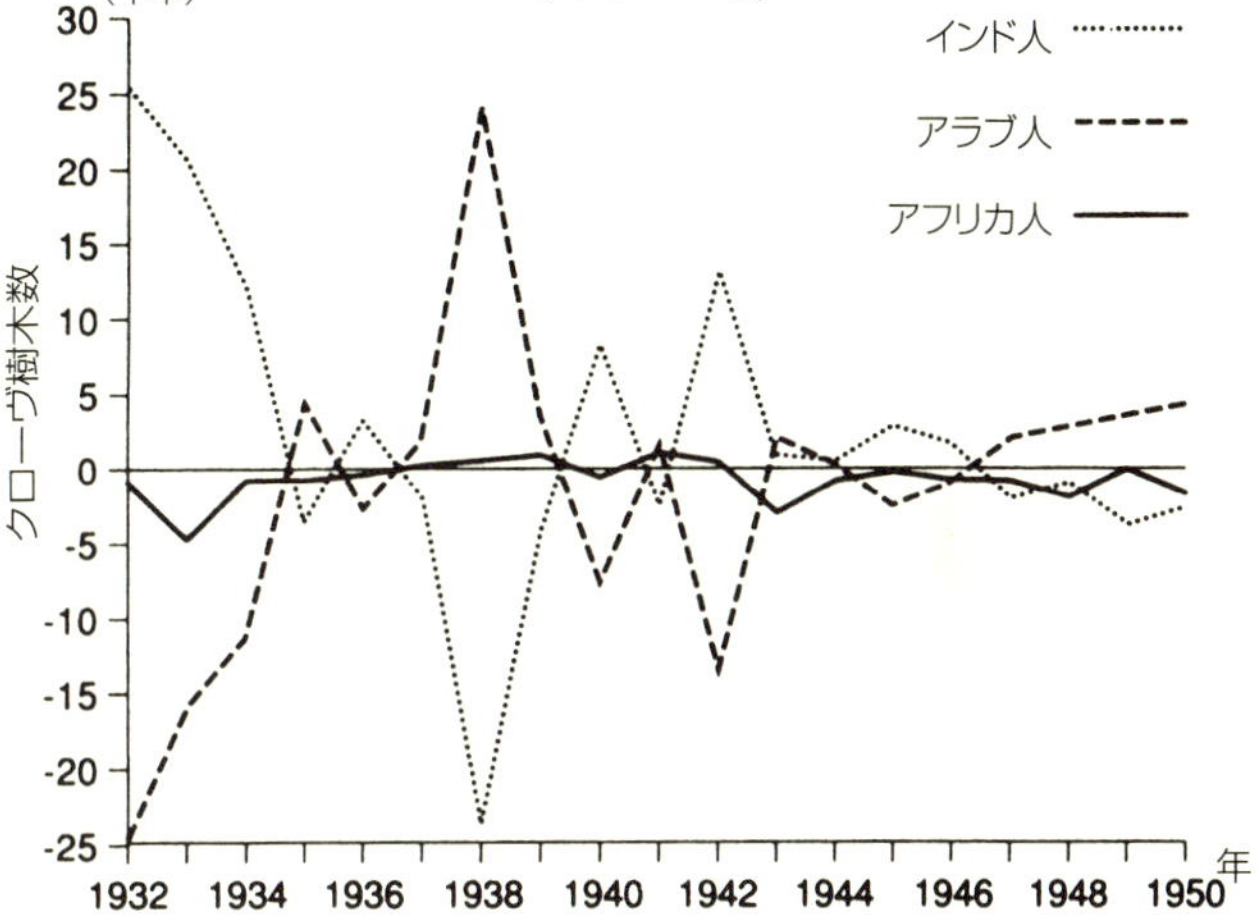

ペンバ島

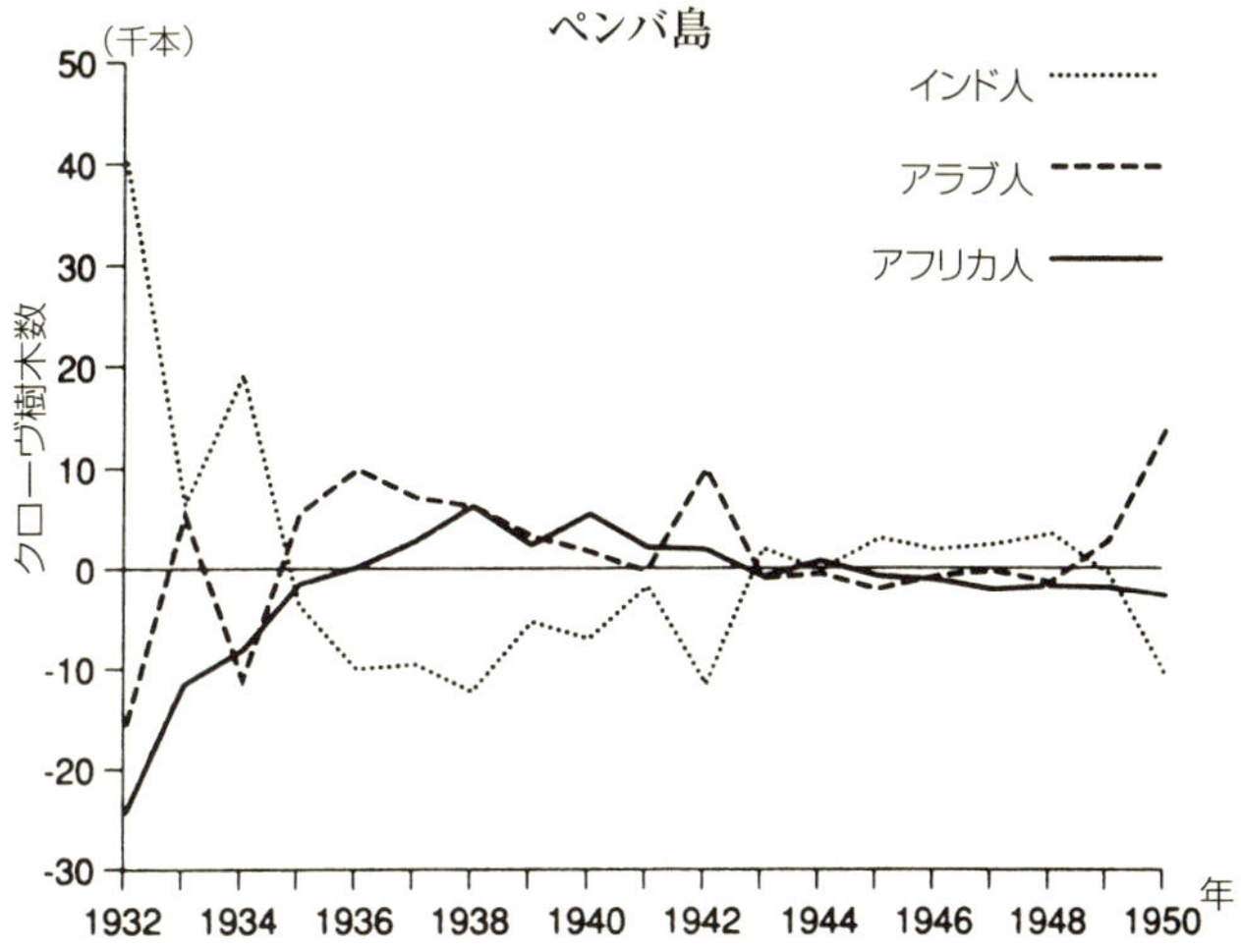

(出典)Zanzibar National Archives, Secretariat File 11880 (1932-33) および10680 (1934-50) より作成。

表3　民族別クローヴ樹木の純取得数（1935-50年）

ザンジバル島		ペンバ島	
アラブ人	+23,843本	アラブ人	+52,867本
アフリカ人	−9,062	アフリカ人	+8,100
インド人	−14,781	インド人	−60,967

（出典）Tominaga, "British colonial policy and agricultural credit in Zanzibar, 1890-1963" p.242.

ヴ産業の経営の合理化が阻害《そがい》されたということ。
イギリス当局は、クローヴ産業の振興より、「アラブ人国家」としてのザンジバルの存続を優先したのである。

第二は、この政策を通して、誰が救済されたのかということと関連している。第一に挙げられるのは、アラブ人である。しかし、注目すべきは、その次に恩恵を蒙《こうむ》ったのが、ペンバ島のアフリカ人であったということである。これは、グラフからも推察できるが、より明確にこの点を確認するために、もうひとつ表を作成した。表3である。ここでは、政策が導入された一九三五年から五〇年までのクローヴ樹木の純損得数の累計を、民族別に示してある。この期間に、ザンジバル島ではアラブ人のみが二万四千本ほどのクローヴを増やし、ペンバ島ではアラブ人が五万本以上、アフリカ人が八千本余りを増やしていることが明らかである。それに対し、インド人は、ザンジバル島で一万五千本ほど、ペンバ島では六万本にのぼるクローヴを手放した。

以上の分析から見えてきたことは、この政策が、ペンバ島のアフリカ人農園主を没落から救ったことの政治的影響である。彼らは、小規模ではあっても、クローヴ農園主としての地位を維持することができた。それは、十九世紀初頭以来のペンバ島の特徴であったアフリカ人とアラブ人の良好な民族関係を持続させるという効果をもたらしたにちがいない。これと全く逆のことがザンジバル島では起こった。アラブ人が当局の保護を受けて、大農園経営を続けた一方、

ストーン・タウンで見た与党(革命党＝CCM)と対立する野党(市民統一戦線＝CUF)の宣伝用落書き。(1993年撮影)

アフリカ人クローヴ生産者は没落の傾向を辿《たど》ったのである。彼らの多くは、労働者へと転身した。このことが、一九五〇年代の民族解放運動の高揚期に、両島のアフリカ人の政治意識の違いとなって表出する。つまり、ペンバ島では、それが広範な「シラジ人」意識の台頭を促してアラブ人との共闘路線を選択させ、ザンジバル島では、アラブ人との対決姿勢を強化させたのである。そこには、民族意識と交叉《こうさ》する階級意識の芽生えが見られた。

このようにして、わたしが、ほの暗い書庫で見つけたファイルは、一九六〇年代に行われた選挙の際、なにゆえにペンバ島の人々が、アフリカ人主導の政党(「アフロ＝シラジ党」)と袂《たもと》を分かち、独自の政党(「ザンジバル・ペンバ人民党」)を結成して、アラブ人主導の政党(「ザンジバル・ナショナリスト党」)と手を結んだのかという疑問に対する解答を与えてくれた。「シラジ人」の動向が、総選挙のキャスティング・ヴォートを握っていたこと、それが、何千人もの犠牲者を出したザンジバル革命の遠《えん》因《いん》となったことはすでに述べた。犠牲者の中に、アラブ人主導の政党を支持したとして暴力を受けたペンバ島民が数多く含まれていた理由も、これではっきりする。

植民地期に蒔《ま》かれたこのペンバ島民とザンジバル島民の対立の火種《ひだね》は、さまざまな形で受け継がれ、現在もなおくすぶり続けている。とりわけ、一九九二年の複数政党制の導入は、ペンバ人主体の市民統一戦線（CUF）を登場させることによって、この火種に油を注いだ。ザンジバル社会の民主化は、両島の関係の修復《しゅうふく》にかかっているといっても過言《かごん》ではないだろう。

4 オマーンの「スワヒリ人」

二〇〇〇年九月、わたしは、十数年ぶりにオマーンのマスカトを訪問した。長い間、音信が途絶《とだ》えていた知人にも再会した。その中のひとりに、ハメド・ビン・アブダッラー・アル＝ゲイラーニー氏とその家族がいる。

見違えるように立派になった空港で出迎えをうけ、その晩は、ハメド氏の第三夫人と子供たちが住むマスカト郊外の大きな邸宅に一泊した。外気は四十度を超すというのに、室内はセーターが欲しいほどガンガン冷房がきいている。当のハメド氏は、風邪《かぜ》をひいて気分がすぐれない、と挨拶《あいさつ》もそこそこに引っ込んでしまった。あとは、遠来の客の顔を見に集まった子供や親類縁者同士の間で賑やかな会話がはずむ。

言語は、スワヒリ語とアラビア語と英語。母語がスワヒリ語の第三夫人は英語が得意だがアラビア語は苦手。子供たちは、アラビア語育ちと、スワヒリ語育ちが同居している。聞くところによれば、オマーン育ちの第一夫人はアラビア語しか話さない。ハメド氏は、この三つの言語を自在に操る。

滞在数日目のある日、ハメド氏は、歴史研究者としてのわたしを見込んでか、自分のライフ・ヒス

ハメド・ゲイラーニー氏一族
三世代で数十人を越えるオマーン在住のこの家族のネットワークは、コモロ、ザンジバル、ルワンダに広がっている。家の中ではアラビア語、スワヒリ語、英語が飛び交う。（2000年撮影）

ハメド・ゲイラーニー氏と
第三夫人ヒダヤさん
（2000年撮影）

トリーを書いてくれないかと言い出した。さっそく、ノート片手に彼の事務所を訪ねる。以下が、スワヒリ世界とオマーンという二つの世界を生きてきたハメド氏の物語である。

ハメド氏は、一九二三年、ザンジバルのストーン・タウンで生まれた。父はオマーンの港を拠点とするダウ船のオーナーで、イラクからアデン、インド、ザンジバル、コモロにいたる広大なインド洋交易に従事していた。イラクではナツメヤシ、アデンではコーヒーを、オマーンでは干し魚を仕入れ、アフリカからはマングローブの木材や米を、インドからは釘や魚網《ぎょもう》や綿布をオマーンに持ち帰った。寄港する先々で妻を娶《めと》ることは、当時の慣行となっており、バスラやコモロやザンジバルで次々に子供が生まれた。ハメド氏も、そのようなひとりとして、ザンジバルで生を享《う》けたのである。母は、コモロ生まれザンジバル育ちの女性だった。しかし、父母が離婚したため、母方の義理の祖母（つまり、祖父の第一夫人）のもとに引き取られた。血のつながった祖母はコモロに在住していた。したがって、ハメド氏は、義理の叔父や叔母とともに成長したということになる。

ハメド氏がザンジバルを離れてオマーンの父親のもとに移ったのは、一九四〇年、十七歳の時のことであった。当時のオマーンは、まだ集団間で争いが絶えず、ハメド氏がまず習得したことは、銃の使い方だったという。やがて、ダウ船に乗って父とともにインド洋を航海する日々を過ごすことになる。その生活に終止符を打ったのは、ザンジバルの母親の死がきっかけだった。父と別れたとはいえ、母親にちがいはない。苦しい航海も、母親に会うために必死で耐えてきた。しかし、もう、その必要がなくなったのだ。一九四三年のことだったという。その後のハメド氏の経歴を年譜で簡単に記しておく。

一九四三－四七年　オマーン南部の小さな島のイギリス軍基地で貯蔵品係として就労
一九四七－五一年　バハレーンの石油会社に英語の教師として就労
一九四七年　ザンジバルで義理の叔父の娘と結婚したが、意に添わず三日間で離婚（ハメド氏は、この結婚は従姉妹《いとこ》婚を優先する慣習にのっとって強制されたもので、正式の結婚とはみなしていない）
同年　オマーン在住の従姉妹と結婚――五人の子供をもうける
一九五一－七〇年　オマーンのイギリス領事館に通訳として就労
一九七〇年　オマーンに手工芸品の店をオープン
一九七三年　オマーンに手工芸品の店とスーパーマーケットをオープン、その後、ホテル

正装姿のハメド・ゲイラーニー氏
（2000年撮影）

一九八七年　業や貸しビル業にも進出
一九九〇年　ザンジバルにレストランを開業
一九九五年　ザンジバルで結婚――二人の子供をもうけ、その後離婚
オマーンでルワンダ出身のオマーン系の女性（オマーン石油公社勤務）と結婚――彼女と前夫との間にできた娘二人を引き取る。

現在、七十七歳のハメド氏は、マスカット首都圏に住む第一夫人と第三夫人との間を往復しながら暮らしている。一九四七年に結婚した第一夫人との間に生まれた五人は、すでに成人してそれぞれ家庭を持ち、総勢五十三人の大家族となっている。したがって、ハメド氏が養育義務を負っているのは、第二夫人との離婚後引き取ったザンジバル生まれの二人の子供（七歳と九歳）と、ルワンダ出身の第三夫人と前夫との間に生まれたオマーン生まれの娘二人（十六歳と十八歳）ということになる。ザンジバル生まれの二人の子供はまだアラビア語が話せず、スワヒリ語の堪能《たんのう》なルワンダ出身の第三夫人がめんどうを見ている。

以上のハメド氏のライフ・ヒストリーから、オマーンとコモロとザンジバルを結ぶ空間に張り巡らされた親族ネットワークが見えてくる。それは、港から港を渡り歩いてきた船乗りたちの遺産でもある。当然、同じ家族とはいえ、民族の血は混交している。したがって、兄弟姉妹の皮膚の色もさまざまだ。言語も一筋縄ではゆかないことは、すでに述べた。そう考えてゆくと、ハメド一族を結びつけている絆《きずな》とは、いったい何なのかがわからなくなってきた。ハメド氏を家長とする父系原理なのか、

マスカト、インド人居住区のお祭り広場
（1985年撮影）

ストーン・タウンのお祭り広場　大なべでピラフを炊く
（1986年撮影）

インド・カッチのムンドゥラーの町並
（1987年撮影）

ストーン・タウンの出窓
（1986年撮影）

それとも他に何かがあるのか。

第三夫人の娘たちと話をしていた時のことである。スワヒリ語は理解できるが話すのは苦手な彼女たちが、ふと「わたしたちスワヒリ人は……」と言ったのである。わたしは、びっくりして問い返した。スワヒリ人ですって？　すると、彼女たちは、わたしの質問にかえってとまどっていたが、しかし、はっきりと頷《うなず》いた。

考えてみれば、彼女たちは、オマーン生まれとはいえ、スワヒリ文化の中で育った母親の強い影響の下で育てられた。カンガをまとい、ザンジバル風の食生活をし、スワヒリ語の飛び交う空間で成長しているのだ。そこに、オマーン人とは異なるアイデンティティが芽生えてもおかしくはない。ハメド氏一族には、この「スワヒリ人」という意識が共有されている。それは、ザンジバル生まれの第二夫人の子供たちを、ごく自然体で受けいれ、慈《いつく》しんでいる第三夫人の姿に集約されているように、わたしには思われた。父系原理とは次元の違うハメド一族の絆、それは、スワヒリ文化だったのである。

ところで、オマーンには、革命によって追われた多くのオマーン系ザンジバル人が住みついている。ハメド氏よりずっと後になって、祖先の地であるオマーンに逃れてきた「難民」たちである。一九七〇年まで鎖国状態を続けていたためすっかり近代化から取り残されてしまっていたオマーンの政治・経済を支えてきたのは、実は、こうしたザンジバル出身者たちだった。わたしが十五年前に訪れた時、ザンジバル出身の元インド大使や元ケニア大使、元外務大臣や博物館長に紹介され、ザンジバル出身者のオマーンにおける社会的地位の高さにびっくりしたことを思い出す。

その後、オマーンでも近代教育機関が整備され、人材の育成が進んだ。とはいえ、まだまだ英語の堪能なザンジバル出身者への需要は高いようだ。たとえば、オマーン経済の基幹を担っている石油開発公社の場合、約七千人の従業員中、四割がザンジバルをはじめとする東アフリカ出身者とその家族で占められているという。情報源は、同公社で働くナイジェリア人の知人である。数値の信憑性《しんぴょうせい》はともかく、彼の勤務する公社の事務所では、スワヒリ語が半ば公用語のように飛び交っているという話は、あながち嘘ではあるまい。

オマーンは、すでに見たように、インド洋海域で唯一《ゆいいつ》植民地化されなかった国である。その結果が、植民地化されたザンジバルや東アフリカ諸国との近代教育の格差であったとすれば、それこそ、双方にとって、なんともやりきれない歴史の皮肉というしかない。こうした格差が続くかぎり、オマーンにおける「スワヒリ人」意識は、第二世代にも引き継がれながら、今後も生き延びてゆくことになるだろう。

5　革命後のザンジバル

二〇〇〇年十一月八日、新ザンジバル大統領の就任がインターネットを通じて全世界に報じられた。第六代大統領に就任したのは、アマニ・アベイド・カルメ。一九六四年、五千人とも一万人ともいわれる犠牲者を出したザンジバル革命直後に政権を掌握《しょうあく》、一九七二年に暗殺された初代大統領カルメの息子である。

ふたりのカルメ大統領の間には、三十六年の歳月《さいげつ》が流れている。その間に、どのような政治的・経済的変化があったのか。タンガニーカとの連合にいたった経緯から話をはじめよう。

問題の発端は、中国・東ドイツ・ソ連が、イギリスやアメリカなどの西欧諸国に先駆《さきが》けてザンジバルの革命政権を承認し、軍事的・人的支援の手を差し延べたことにあった。こうした社会主義諸国の協力を歓迎する急進派と、それによって東西冷戦や中ソ紛争に巻き込まれるのを恐れたカルメ初代大統領をはじめとする穏健《おんけん》派の対立が、問題をさらに複雑にした。

こうした状況を打開する苦肉の策として、タンガニーカとの「連合」というアイディアを打ち出したのは、カルメ初代大統領であったとの説がある。これに、非同盟とパン＝アフリカニズムを掲げるタンガニーカの初代大統領ニエレレが共鳴したという。

真相はまだ闇《やみ》の中だが、急進派が事態を察知し反旗《はんき》を翻《ひるがえ》さないうちに事を運ばねばならなかった結果、連合は、両初代大統領のきわめて個人的な合意によって成立したことは歴史が証明している。一九六四年四月のことであった。事がいかに秘密裏に運ばれたかは、ザンジバルの住民に知らされたのが、なんと五か月後の九月であったということからも想像できるだろう。

連合は、カルメ初代大統領の意向に沿って、ザンジバルの自治権が最大限保障される形で法制化された。そのことが、結果的に新生ザンジバルの住民をいかに苦しめることになったか。土地、ビジネス、医療、教育は国有化され、経済は革命評議会の統制下に置かれた。一九七〇年代には、クローヴ産業以外の経済活動は完全にストップする。住民は日々の食料にも事欠き、満足な医療も受けられず、ほんのささいなことで罰則として課される強制労働にあえいだ。情報も統制され、移動が制限された。アラブ色を一掃するため、「シラジ」というアイデンティティへの弾圧も行なわれ、人びとは「自分はシラジではない」という書面にサインをさせられた。また、民族の融和《ゆうわ》政策と称して、アフリカ人との強制結婚が推進され、インド人やアラブ人の女性を震《ふる》え上がらせもした。カルメ初代大統領は、ザンジバルを独裁警察国家へと変貌させたのである。この恐怖政治は、一九七二年四月七日、同大統領の暗殺をもって、突如終止符が打たれた。ザンジバルの住民は、ようやく九年におよぶ長く暗いトンネルを抜け出たのだ。

新体制の下、国家建設事業が再スタートする。公共施設が整備され、小規模工場の振興が政策に盛り込まれた。クローヴへの過度な依存からの脱却をはかるため、農業の多角化もはじまった。一九八〇年代の経済の自由化と、九〇年代の政治の民主化は、こうした流れに一層の拍車《はくしゃ》をかけた。しかし、すべてが順調に展開してきたわけではない。狭い国土と過多な人口は失業率を高め、生活レヴェルの相対的低さが、有能な人材の流出につながっている。さらに、複数政党制の導入を契機に、独立以来、疎外感《そがいかん》を深めていたペンバ島出身者との政治的な対立抗争も先鋭化《せんえいか》した。それが、住民の合意なしに結ばれた連合協定への疑義《ぎぎ》や「本土」のクリスチャンに対するムスリム意識の台頭とも響き合って総選挙のたびに住民を不安に陥《おとしい》れる。

しかし、選挙が過ぎれば、また平穏な日々がもどってくることを誰もが知っている。市場《いちば》や夜店の賑わいも、夕涼みがてら路上でバオに興じる男たちの姿ももどってくる。こうしたザンジバルの日常を、今、われわれは、長いスワヒリの歴史と文化の中に置いて眺めることができる。あらゆるものが混沌《こんとん》として入り混じっているスワヒリ社会の歴史の重みを、感じ取ることができる。その混沌とした歴史の流れは、代々受け継がれてきたスワヒリの価値観や心性《しんせい》をゆさぶりながら、これからも二十一世紀という新たな時代に引き継がれてゆくにちがいない。

あとがき

本書を書き終えて、あらためて、スワヒリ世界の魅力と、その奥深さを実感している。それは、一筋縄ではゆかぬ多様で重層的な歴史と文化であり、国境を越え、インド洋を越えて広がる多元的な世界である。

そうしたスワヒリ世界の歴史的ダイナミズムや、スワヒリ世界の人と文化の動態をどれだけ伝えることができたか。その判断は、読者の批判に委ねるしかない。

本書が完成するまでに、実にたくさんの学問の先達にめぐりあった。わたしの研究活動を温かく見守り続けてくださった多くの先輩諸氏である。幸運がわたしを、そのような人びとに引き合わせてくれた、と思っている。

まず、津田塾大学大学院および東京大学大学院時代の恩師である故江口朴郎教授・山田秀夫教授、ならびに板垣雄三教授・西川正雄教授には、言葉に尽くせない学恩を受けた。また、ロンドン大学東洋アフリカ学研究所留学時代の指導教官であったローランド・オリヴァー教授にも、感謝したい。

歴史学研究会、アジア経済研究所、東京外国語大学アジア・アフリカ言語文化研究所での研究活動に参加の機会を与えてくださった中村平治教授・小谷汪之教授、原口武彦教授・吉田昌夫教授・林晃史教授、故富川盛道教授・故和崎洋一教授・日野舜也教授・家島彦一教授、さらに旧英領植民地を対象としたインド人移民の調査研究グループの一員に加えてくださった古賀正則教授、浜口恒夫教授、内藤雅雄教授に対しても、この場をかりてお礼を申しあげる。

また、わたしの勤務する宮城学院女子大学のキリスト教文化研究所では、異なる専門分野の所員の方々から、さまざまな啓発を受けた。特に山形孝夫名誉教授には、本書の構想のはじめから懇切な助言を頂戴した。心よりお礼を申し上げる。

なお、アラビア語、スワヒリ語、ペルシア語については、木村喜博教授、宮本正興教授、原隆一教授、岡田恵美子教授のご教示を得た。

その他にも、大勢の方々のお世話になった。調査に協力を惜しまれなかったスワヒリ社会の人びとを含め、こうした多くの方々の支えなしには、本書をまとめることはできなかったことを思い、人との出会いの大きな意味をしみじみ感じずにはいられない。

出版にあたっては、今回も未來社編集部の本間トシさんに、並々ならぬお世話をいただいた。ここに記して謝意を表したい。

最後に、本書の舞台であるザンジバルのストーン・タウンは、二〇〇〇年十二月にユネスコの世界遺産に登録されたことを付記しておく。

二〇〇一年三月

仙台にて
富永　智津子

索　引

こ

さ

し

スワヒリ史略年表

西暦	スワヒリ史	日本史
60頃	『エリュトラ海周航の書』	倭国の時代
750頃	ケニア沿岸部から最古のモスクの遺構	日本、新羅に派兵
850頃	スワヒリ都市キルワ勃興	唐との交流
1107	ザンジバル島にシラジ・モスク建設	義経軍、壇の浦で平氏を滅ぼす（1185）
1331-32	イブン・バットゥータ、アデンより東アフリカ沿岸部を探訪	鎌倉幕府滅亡（1333）
1417-19	鄭和率いる明の艦船、東アフリカ沿岸を訪れる	室町幕府、明と断交（1419）
1498	モンバサ、マリンディにヴァスコ・ダ・ガマ率いるポルトガル艦隊の到来	
1505	ポルトガル軍によるキルワ、モンバサ攻略	
1507	ポルトガル軍によるマスカト占領	
1560-87	オスマン帝国軍の東アフリカ遠征	ポルトガル船種子島に漂着、鉄砲を伝える（1543）
1592	ポルトガル軍によるモンバサ占領	関ケ原の戦い（1600）
		ポルトガル船長崎にて通商を求める（1647）
1650	オマーン軍、マスカトからポルトガルを駆逐；オマーン軍の東アフリカ進出	大村純長、キリスト教徒630人を処刑（1658）
1698	ポルトガルの撤退とオマーン勢力による東アフリカ支配の開始	赤穂藩主浅野長矩、殿中で吉良を斬る（1701）
1741-1837	モンバサのアラブ勢力（マズルイ一族）、オマーン王権に造反	天明大飢饉（1783-87）
		ロシア使節ラクスマン根室に来航、通商を求める（1792）
1804	オマーンでサイイド・サイード・ビン・スルターン即位（－1856）	ロシア使節レザノフ長崎に来航、貿易を求める（1804）
1807	イギリスで「奴隷貿易禁止法」成立	

1818	ザンジバル島にクローヴ栽培の導入；フランス、奴隷貿易を禁止	イギリス人ゴードン浦賀に来航、貿易を求める（1818）
1822	英、東アフリカと仏領インド洋諸島との奴隷貿易を禁止	ドイツ人シーボルト蘭館医として着任（1823）
1828	オマーンのサイード王、ザンジバル島に寄港、王都の建設に着手	幕府、異国船打払令を指令（1825）
1833	オマーン、アメリカにカピチュレーション（友好通商条約）を与える；イギリスで「奴隷制禁止法」成立	各地で大飢饉(1833-34) 幕府の天保改革はじまる（1841）
1839	オマーン、イギリスにカピチュレーションを与える	フランス、琉球にて通商を求める（1844）
1840	サイード王、6度目のザンジバル島滞在(最長の11年)	イギリス艦船、長崎に来航（1845）
1845	英・サイード王間にラム島以北への奴隷輸出禁止協約	オランダ、幕府に開国を勧告（1847）
1856	サイード王、オマーンからザンジバルへの航海途上で没（8度目の訪問）	ペリー、浦賀に来航（1853）
1861	ザンジバル領、オマーンから分離独立	
1869	スエズ運河開通	日米和親条約（1854）
1872	サンジバル島にハリケーン、クローヴ樹壊滅	王政復古の大号令（明治維新、1867）
1873	ザンジバル奴隷市場の閉鎖（奴隷貿易の禁止）	徴兵令の布告（1873）
1884	ミランボ没	
1884-85	西アフリカに関するベルリン会議	
1885	ドイツ、ザンジバル島対岸の内陸部の領有を宣言；英独仏によるザンジバル領土の画定	秩父事件（1884） 清国と天津条約（1885）
1886	東アフリカにおける英独間の勢力範囲確定	甲府雨宮製糸場争議（最初のストライキ）（1886）
1888	帝国イギリス東アフリカ会社による東アフリカ領の統治開始	大日本帝国憲法公布（1889）

1890	独、東アフリカ植民地直接統治開始；英独間で東アフリカ勢力範囲に関する協定；英、ザンジバルを保護領化	米騒動（1890） 日清戦争（1894-95）
1895	英、東アフリカ保護領を宣言（1920、ケニア植民地に移行）	義和団鎮圧に派兵決定（1900）
1897	ザンジバル保護領で奴隷制廃止	日英同盟（1902） 日露戦争（1904-05） 韓国併合（1910）
1924	人口センサスの開始	15年戦争（1931-1945） 日ソ国交回復および国連加盟（1956）
1957	ザンジバルで「アフロ・シラジ同盟」の設立	在日朝鮮人帰還協定（1959）
1959	ザンジバルで「アフロ・シラジ同盟」、「アフロ・シラジ党」と「ザンジバル・ペンバ人民党」に分裂	安保闘争（1960）
1961	ザンジバルで総選挙（立法評議会議員選挙）および再選挙	貿易の自由化（1962-）
1963	ザンジバルで総選挙；ザンジバル独立	オリンピック東京大会（1964）
1964	ザンジバル革命；4月タンガニーカと連合（「タンガニーカ・ザンジバル連合共和国」）し、10月「タンザニア連合共和国」と改称	成田空港建設反対三里塚闘争（1967-94） 沖縄返還（1972）
1972	ザンジバル初代大統領（タンザニア副大統領を兼務）アベイド・アマニ・カルメ暗殺、後任アブード・ジュンベ・ムウィニ	石油危機（1973） ロッキード事件で田中角栄逮捕（1976）
1977	「タンガニーカ・アフリカ人民族同盟（TANU）」と「アフロ・シラジ党（ASP）」、合併して「革命党（CCM）」を結成	石油危機（1979） NHK朝のテレビドラマ「おしん」大ヒット（1983）
1980	初の大統領選挙でザンジバル大統領にアブード・ジュンベ・ムウィニ就任	

1984	ザンジバル大統領にアリ・ハッサン・ムウィニ就任	日本経済のバブル現象（1985-90）
1985	ザンジバルで新憲法発効；タンザニア初代大統領ニエレレ引退、後任にザンジバル大統領ムウィニが就任	リクルート事件（1988）
1988	ザンジバル大統領ワキル（1985～）、元ザンジバル王復活の陰謀の噂により、政府と革命諮問委員会を解散；連合政府高官の妻によるイスラムの一夫多妻制への批判に抗議し、ザンジバルで暴動	
1989	ザンジバル空港の拡張工事にオマーン援助；日本、ザンジバルの米作灌漑計画に5900万相当の自動車、バイク、自転車を贈与；ザンジバルのハマド元首相、秘密文書保持の嫌疑で逮捕	冷戦体制終焉（1989）
1990	ザンジバル大統領にサルミン・アムール就任（２期）	湾岸戦争（1991）
1992	複数政党制の導入	カンボジアＰＫＯ派遣（1992）
1995	総選挙、ザンジバルで野党活動家の逮捕拘禁	阪神淡路大震災；オウム・サリン事件（1995）
2000	総選挙、ザンジバル大統領にアマニ・アベイド・カルメ就任；与党と野党の抗争頻発	

アル=ブーサイーディ王朝の系譜

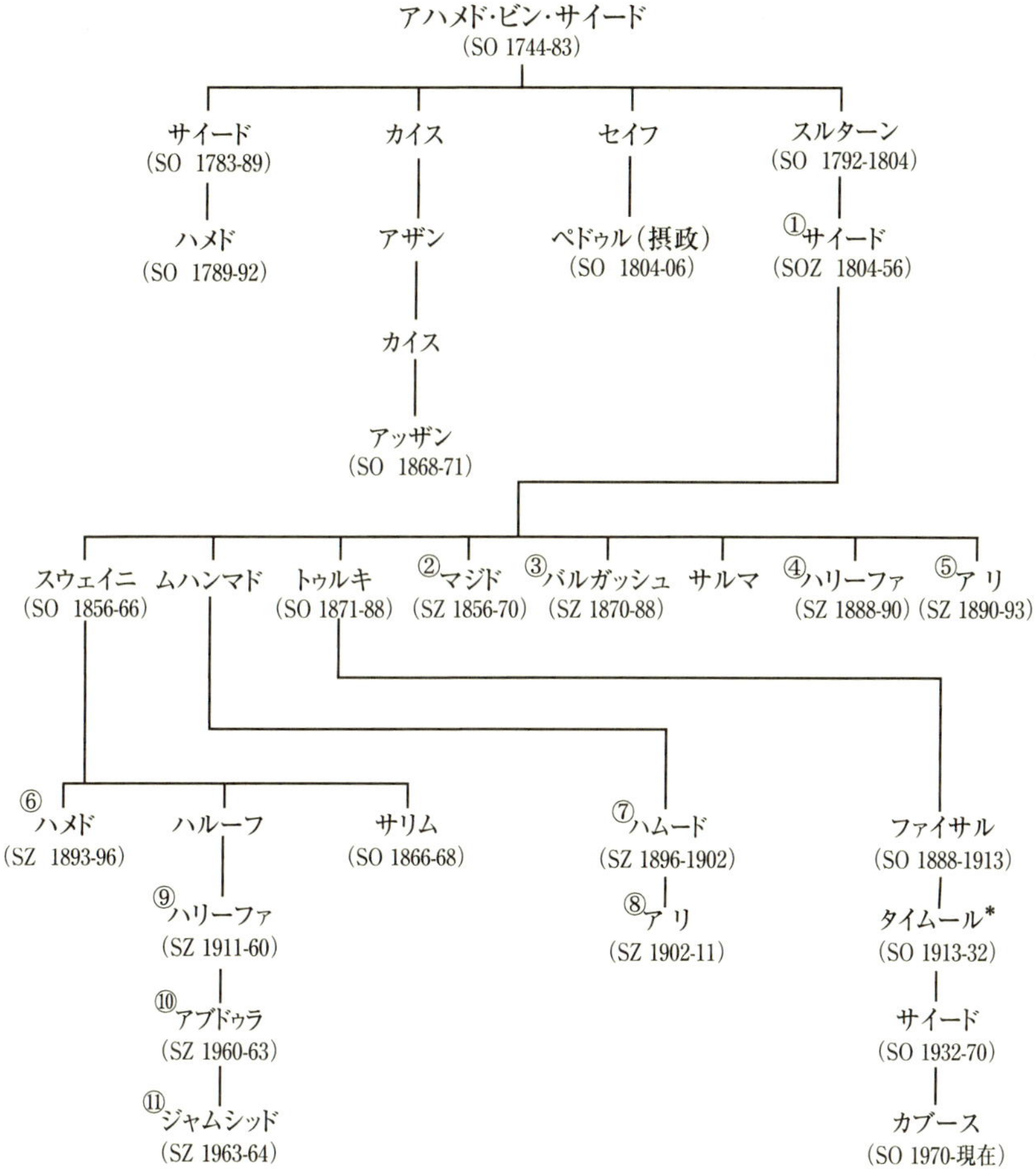

主要人物のみ掲載。（　）内=在位期間。
SO=Sultan of Oman（オマーン王）
SOZ=Sultan of Oman and Zanzibar（オマーン・ザンジバル王）
SZ=Sultan of Zanzibar（ザンジバル王）
*神戸滞在中に日本人女性と結婚、ブサイナ王女（現在、オマーン在住）をもうける。日本人妻は早世。

主要参考文献

Allen, J. de V., *Swahili Origins: Swahili Culture and the Shungwaya Phenomenon,* James Currey, London, 1993.

Alpers, Edward A., "The Story of Swema: Female Vulnerability in Nineteenth-Century East Africa," in: Claire C. Robertson and Martin A. Klein, *Women and Slavery in Africa,* The University of Wisconsin Press, Wisconsin, 1983, pp.185-199.

Bhacker, M.Reda, *Trade and Empire in Muscat and Zanzibar, Roots of British Domination,* Routledge, London and New York, 1992.

Bennett, Norman and Geroge E. Brooks (eds.), *New England Merchants in Africa, A History through Documents, 1802 to 1865,* Boston University Press, Boston, 1965. [本書ではNEMAと略記]

Bennett, Norman R., *A History of the Arab State of Zanzibar,* Methuen & Co. Ltd., USA, 1978.

—— *The Arab State of Zanzibar: a Bibliography,* G.K.Hall & Co., Boston, 1984.

Burton, Richard, *The Lake Regions of Central Africa,* 2 vols, Longman, London, 1860.

Christie, James, *Cholera Epidemics in East Africa,* Macmillan, London, 1876.

Cooper, Frenderick, *Plantation Slavery on the East Coast of Africa,* Yale University Press, New Haven and London, 1977.

Fair, Laura, "Dressing up: Clothing, Class and Gender in Post-abolition Zanzibar," *Journal of African History,* 39(1998), pp.63-94.

Farrant, Leda, *Tippu Tip and the East African Slave Trade,* Hamish Hamilton, London, 1975.

Freeman-Grenville, G.S.P., *The Swahili Coast, 2nd to 19th Centuries, Islam, Christianity and Commerce in Eastern Africa,* Variorum Reprints, London, 1988.

—— *The East African Coast: Select Documents from the first to the earlier nineteenth Century,* Rex Collings, London, 1975.

Glassman, Jonathon, "The Bondman's new clothes: the contradictory consciousness of slave resistance on the Swahili coast," *Journal of African History,* 32(1991), pp.277-312.

——*Feasts and Riot,* Heinemann, London, 1995.

Gray, John, *History of Zanzibar, from the Middle Ages to 1856,* Greenwood Press, Publishers, Westport, Connecticut, 1962.

—— "Memoirs of an Arabian Princess," *Tanganyika Notes and Records,* 1955(No.38), pp.49-70.

—— "Nairuzi or Siku ya Mwaka," *Tanganyika Notes and Records,* 1955(No.38), pp.1-22.

—— "The Hadimu and Tumbatu of Zanzibar," *Tanzania Notes and Records,* 1977(No.81-2), pp.135-53.

Groves, C.P., *The Planting of Christianity in Africa,* London, 1948-58, 4 vols.

Hall, Richard, *Empires of the Monsoon: A History of the Indian Ocean and its Invaders,* Harper Collins Publishers, London, 1996.

Heanley, Rev. R.M., *A Memoir of Edward Steere, D.D., LL.D: Third Missionary Bishop in Central Africa,* Office of the Universitiers' Mission to Central Africa, London, 1898.

Horton, Mark and John Middleton, *The Swahili,* Blackwell, London, 2000.

Kabeya, J.B., *King Mirambo, One of the Heroes of Tanzania,* East African Literature Bureau, Kampala, Nairobi, Dar es Salaam, 1976.

Kimambo, I.N. and A.J.Temu(eds.), *A History of Tanzania,* East African Publishing House, 1969.

Kusimba, Chapurukha M., *The Rise and Fall of Swahili States,* Altamira Press, Walnut Creek, London, New Delhi, 1999.

Middleton, John, *The World of the Swahili: an African Mercantile Civilization,* Yale University Press, New Haven, 1992.

Nimts, August H. Jr., *Islam and Politics in East Africa: The Sufi Order in Tanzania,* University of Minnesota Press, Minneapolis, 1980.

Nurse, Derek and Thomas Spear, *The Swahili, Reconstructing the History and Language of an African Society, 800 - 1500,* University of Pennsylvania Press, Philadelphia, 1985.

Okello, John, *Revolution in Zanzibar,* East African Publishing House, Nairobi, 1967.

Pearson, Michael N., *Port Cities and Intruders: The Swahili Coast, India, and Portugal in the Early Modern Era,* The Johns Hopkins University Press, Baltimore and London, 1998.

Pouwels, Randall L., *Horn and Crescent, Cultural Change and Traditional Islam on the East African Coast, 800 - 1900,* Cambridge University Press, London, 1987.

Said-Ruete, Emily, *Memoirs of an Arabian Princess,* edited, with an Introduction by G.S.P.Freeman-Grenville, East-West Publications, London and the Hague, 1981.

Sheriff, Abdul, *Slaves, Spices & Ivory in Zanzibar,* James Currey, London, 1987.

——(ed.), *The History & Conservation of Zanzibar Stone Town,* James Currey, London, 1992.

Stanley, Henry M., *Through the Dark Continent,* vol.1-2, Dover Publications, New York, 1988 (1st ed. 1879).

Strobel, Margaret, *Muslim women in Mombasa, 1890 - 1975*, Yale University Press, New Haven and London, 1979.

Tippu Tip, *Maisha ya Hamed bin Muhammed el Murjebi,* East African Literature Bureau, Kampala, Nairobi, Dar es Salaam, 1974 (1st ed. 1959).

Trimingham, J. S., *Islam in East Africa,* Clarendon Press, London, 1964.

青木澄夫『アフリカに渡った日本人』時事通信社、1993年。

生田滋『ヴァスコ・ダ・ガマ—東洋の扉を開く—』〈大航海者の世界II〉原書房、1992年。

宇佐美久美子『アフリカ史の意味』〈世界史リブレット14〉、山川出版社、1996年。

織本知英子『カンガに魅せられて』連合出版、1998年。

白石顕二『ザンジバルの娘子軍』社会思想社〈現代教養文庫〉、1995年。

高橋英彦『東アフリカ歴史紀行—ナイル川とインド洋の間に—』日本放送出版協会〈NHKブックス〉、1986年。

富永智津子「ザンジバル社会とクローヴ生産—アラブ支配からイギリス支配へ—」

山田秀雄（編著）『イギリス帝国経済の構造』新評論、1986年、353-403頁。

——「旅と商人と—インド洋世界から—」『歴史評論』1987年5月号、39-49頁。

——「ザンジバルにおけるナショナリズムとエスニシティ」『歴史学研究』1989年5月（593号）、1-19頁。

—— “Merchants of the Indian Ocean and the Jetha Lila-Bankers,” in: Elisabeth Linnebuhr (ed.), *Transition and Continuity of Identity in East Africa and Beyond,* Bayreuth, 1989, pp.451-462.

——「東部アフリカをめぐる王権と商業—ザンジバルの笛—」『移動と交流』〈シリーズ 世界史への問い 第3巻〉岩波書店、1990年、287-313頁。

—— “The Ambiguity of Shirazi Ethnicity in the History and Politics of Zanzibar,” in: *Christianity and Culture,* Miyagi Gakuin Women's College, 1990, pp.1-37.

——「アフリカ分割—ザンジバル・スルタン領の事例—」林晃史（編）『アフリカの歴史』勁草書房、1991年、48-79頁。

——「東アフリカにおけるインド人移民—多様性の選択—」『歴史学研究』1992年11月（638号）、151-159頁。

—— “British colonial policy and agricultural credit in Zanzibar, 1890-1963,” in: Gareth Austin and Kaoru Sugihara (eds.), *Local Suppliers of Credit in the Third World,* 1750-1960, Macmillan, 1993, pp.229-253.

——「ザンジバルの女性と文化—成女儀礼・踊りと歌—」宮城学院女子大学キリスト教文化研究所『研究年報』第27号、1994年、73-100頁。

——「東アフリカ奴隷貿易とインド人移民—商人カーストを中心に—」『暮らしと経済』〈叢書 カースト制度と被差別民4〉明石書店、1994年、413-449頁。

——「インド系移民社会の形成と歴史—タンザニアの事例—」内藤雅雄（編）『南アジア系移民社会の歴史と現状—イギリス連邦諸国を中心に—』東京外国語大学アジア・アフリカ言語文化研究所、1996年、45-88頁。

——「インド洋海域における東部アフリカ沿岸地域—19世紀スワヒリ世界の展開—」『歴史学研究』1996年11月（691号）、38-50頁。

——「ザンジバルの女性と労働—伝統的生産活動と多目的協同組合—」宮城学院女子大学キリスト教文化研究所『研究年報』第29号、1996年、89-128頁。

——「東アフリカ・スワヒリの世界」川田順造（編）『アフリカ史』〈新版世界各国史10〉山川出版社、近刊。

日野舜也「東アフリカにおけるスワヒリ認識の地域的構造」富川盛道（編）『アフリカ社会の形成と展開：地域・都市・言語』東京外国語大学アジア・アフリカ言語文化研究所、1980年、227-314頁。

宮本正興・松田素二（編）『新書アフリカ史』講談社〈現代新書〉、1997年。

家島彦一『イスラム世界の成立と国際商業―国際商業ネットワークの変動を中心に―』岩波書店、1991年。

――「東アフリカ・スワヒリ文化圏の形成過程に関する諸問題」『アジア・アフリカ言語文化研究』41〈別冊〉東京外国語大学アジア・アフリカ言語文化研究所、1991年、101-124頁。

――『海が創る文明－インド洋海域世界の歴史－』朝日新聞社、1993年。

吉田昌夫『東アフリカ』〈アフリカ現代史II〉山川出版社、2000年（初版1978年）。

和崎洋一『スワヒリの世界にて』日本放送出版協会、1977年。

〈著者略歴〉
富永智津子（とみなが ちづこ）
1942年　三重県に生まれる
東京女子大学文理学部西洋史学科卒業，津田塾大学大学院国際関係学研究科修士課程修了，東京大学大学院社会学研究科国際関係論博士課程中退
現　在　宮城学院女子大学教授
専　攻　東アフリカ現代史
論　文　「東アフリカをめぐる王権と商業－ザンジバルの笛－」『シリーズ世界史への問い 第3巻 移動と交流』（岩波書店，1990），「東アフリカ奴隷貿易とインド人移民－商人カーストを中心に－」『叢書カースト制度と被差別民4 暮らしと経済』（明石書店，1994），「世界分割とアフリカ・東南アジア・オセアニア」『講座世界史5 強者の論理－帝国主義の時代』（東京大学出版会，1995），「東アフリカ・スワヒリの世界」川田順造編『アフリカ史』〈新版世界各国史10〉（山川出版社，近刊）ほか
訳　書　『アフリカの女性史－ケニア独立闘争とキクユ社会－』（未來社，1999）

ザンジバルの笛——東アフリカ・スワヒリ世界の歴史と文化

2001年4月20日　初版第1刷発行

定価（本体2200円＋税）

著　者　©富永智津子
発行者　西谷能英
発行所　株式会社　未來社
〒112-0002　東京都文京区小石川3-7-2
電話(03)3814-5521～4／振替00170-3-87385
http://www.miraisha.co.jp/　E-mail:info@miraisha.co.jp

ISBN4-624-11181-8　C0022　　印刷・製本＝図書印刷

プレスリー著　富永智津子訳
アフリカの女性史　ケニア独立闘争とキクユ社会　二八〇〇円

ジョセフ著　片平久子訳
明日の太陽――女性の闘い　南アフリカにおける人種差別と抑圧　一五〇〇円

メルニーシー著　ラトクリフ川政祥子訳
ハーレムの少女ファティマ　モロッコの古都フェズに生まれて　二四〇〇円

サーダウィ著
イヴの隠れた顔　アラブ世界の女たち　三八〇〇円

塩尻和子著
ヨルダン＝野の花の国で　二八〇〇円

川田順造　上村忠男編
文化の未来　開発と地球化のなかで考える　二二〇〇円

油井・木畑・伊藤　高田・松野編
世紀転換期の世界　帝国主義支配の重層構造　三〇〇〇円

ジロー著　濱口・渡邊他訳
国際関係史　一八七一―一九一四年　ヨーロッパ外交、民族と帝国主義　四八〇〇円

比較史・比較歴史教育研究会編
自国史と世界史　二四〇〇円

ハルガルテン著　西川・富永・鹿毛訳
帝国主義と現代　二八〇〇円

（税別価格）